GUIAS DE LABORES

Costura

Una guía de iniciación paso a paso
para coser a mano y a máquina

CHARLOTTE GERLINGS

HISPANO
EUROPEA

Dedicado a Thelma M. Nye, editora de manualidades en la editorial B. T. Batsford Ltd. durante más de treinta años.
Por ser, además, amiga y asesora para muchos agradecidos autores y diseñadores.

Portada: Shutterstock
Contraportada: Fotografía reproducida con el permiso de Janome (www.janome.co.uk)

Título de la edición original: Sewing

© 2012 Arcturus Publishing Limited
26/27 Bickels Yard, 151–153 Bermondsey Street,
London SE1 3HA

© de la edición en castellano, 2014:
Editorial Hispano Europea, S. A.
Primer de Maig, 21 - Pol. Ind. Gran Via Sud
08908 L'Hospitalet (Barcelona), España
E-mail: hispanoeuropea@hispanoeuropea.com

© de la traducción: Esther Gil

Consulte nuestra web:
www.hispanoeuropea.com

Depósito Legal: B. 1484-2014

ISBN: 978-84-255-2084-6

Impreso en España
T. G. Soler, S. A.
Enric Morera, 15
08950 Esplugues de Llobregat (Barcelona)

ÍNDICE

INTRODUCCIÓN

Las primeras agujas se fabricaron a partir de hueso de ganado y se emplearon para coser pieles de animales, utilizando los tendones a modo de hilo. Entre aquella época y ahora se han cosido prendas para entrar en calor, tiendas para refugiarse, velas para emprender viajes exploratorios y banderas como seña de identidad de una nación. Podría argumentarse, por consiguiente, que la aguja y el hilo en un par de manos habilidosas han desempeñado un papel tan importante en la civilización como la invención de la rueda.

Sin embargo, como ocurre con todos los objetos del hogar, las agujas y el hilo no son más que trastos a menos que sepamos aprovechar todo su potencial (¡y el nuestro!) y dominar las técnicas básicas de costura. Este libro ha sido creado especialmente para principiantes, motivo por el que ofrece una guía ilustrada paso a paso desde cómo enhebrar una aguja hasta cómo dar las puntadas básicas, pasando por el corte y la confección de las prendas y el uso de la máquina de coser con confianza. Tanto si estás empezando a coser como si solo necesitas refrescar un poco los conceptos, este libro te resultará una referencia muy útil. Se ha utilizado una terminología estándar y el sistema de medición es el sistema métrico decimal. Ahora bien, entre paréntesis se aportan también las medidas en el sistema anglosajón.

Hay secciones sobre todo tipo de utensilios: hilos, telas y adornos; cómo interpretar los patrones y cómo diseñar y confeccionar una prenda. Hay toda una sección dedicada a la máquina de coser, muy útil en la actualidad cuando cada vez más hogares disponen de una. Otras secciones tratan aspectos más pequeños pero también relevantes como, por ejemplo, cómo arreglar la ropa, cómo utilizar una regla de costura o cómo coser una cremallera. Por último, el libro incluye tres sencillos proyectos para practicar la costura antes de embarcarse en proyectos propios más ambiciosos.

PRIMERA PARTE:
MATERIALES

UTENSILIOS

A Agujas, alfileres y alfiletero

B Tela y bobinas de hilo

C Dedal

D Abreojales

E Tijeras de costura

F Tijeras

G Tijeras de bordar

H Pinzas cortahilo

I Tijeras dentadas

J Regla de costura

K Regla transparente

L Cinta métrica

M Tiza de costura

N Cera

O Plancha

P Manguero

Q Almohadillas de sastre

R Máquina de coser

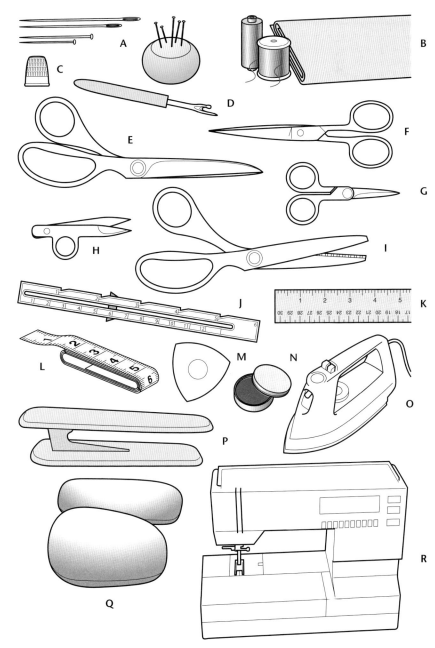

AGUJAS, ALFILERES Y UTENSILIOS DE CORTE

Las agujas para coser a mano se fabrican en una amplia gama de longitudes y grosores; cuanto mayor es el número, más fina es la aguja. Decide cuál es la más apropiada para el trabajo que vas a realizar siguiendo esta lista básica:

1. Afiladas. Tienen una longitud media y la punta afilada, con un ojo redondo. Se utilizan para coser con hilo de algodón o poliéster.

2. De bordado. Son afiladas pero tienen un ojo ovalado, como las agujas de tapicería, y se emplean para hilos más gruesos o para coser con múltiples hilos.

3. Desafiladas. Se utilizan para elementos trabajados en punto y están diseñadas para no rasgar el hilo.

4. Agujas para acolchar. Son muy cortas y afiladas, con un pequeño ojo redondo. Se emplean para hacer unas puntadas muy finas y en ocasiones también para patchwork.

5. Milliners. Muy largas y finas con ojo redondo. Se emplean para el trabajo decorativo y ribetes.

6. Aguja de jareta. Gruesas y con la punta redondeada con un ojo ovalado lo bastante grande como para que quepa una cuerda, una goma elástica o una cinta a través de ojales.

7. Aguja de peletería. Afilada, con una punta con tres lados, ideal para perforar piel y PVC sin que se rasgue.

La mayoría de las agujas están chapadas en platino y no se decoloran ni se oxidan, pero, por supuesto, también hay variedad de calidades. Utiliza un alfiletero con arena dentro para guardarlas, ya que ésta actúa como abrasivo y abrillanta las agujas y los alfileres cuando se clavan en ella.

Alfileres. Hechos de acero endurecido o cobre inoxidables. Los más pequeños y finos son ideales para tejidos muy delicados. Las cabezas de diferentes colores, pintadas o de plástico, son más fáciles de ver y de manejar. Va bien tener un alfiletero con una base plana para el trabajo general.

También resultan útiles los que se ponen en la muñeca cuando se realizan ajustes sobre las prendas.

Utensilios de corte (*véase* la página 5)

Invierte en tijeras de la mejor calidad que puedas y no permitas que nadie (ni tú mismo) las desafile cortando papel, cartón, cuerda o cinta adhesiva. Busca que las hojas estén fijadas con un tornillo ajustable en vez de un remache; lo ideal es que un profesional las afile de vez en cuando. Tanto en las tiendas como en Internet se pueden encontrar tijeras de costura para zurdos.

Tijeras de sastre. Tienen agujeros asimétricos y largas cuchillas para cortar con facilidad la tela en un ángulo bajo y sobre una superficie plana. Las tijeras de acero bañadas en cromo son las más duraderas, aunque resultan un poco pesadas. Hay versiones más ligeras hechas con acero inoxidable con mango de plástico coloreado.

Tijeras dentadas. Realizan un corte en zigzag produciendo un borde ya acabado que evita tener que hacer un dobladillo o coser.

Tijeras de costura. Equipadas con unas hojas de 15 cm (6") tienen el tamaño más útil para el costurero. También cuentan con agujeros idénticos para insertar el dedo pulgar y el anular. Una hoja es puntiaguda y la otra redondeada para cortar las costuras.

Tijeras de bordado. No solo se utilizan para bordar, sino para realizar cortes con precisión en otras manualidades como la tapicería y el patchwork. Las hojas tienen entre 3 y 10 cm (1 ¼-4") de longitud, con una punta tan afilada que lo mejor es guardarlas en un estuche.

Pinzas para cortar hilo. Cuentan con unas cuchillas con muelles que hacen que sean muy rápidas y fáciles de utilizar además de ser extremadamente precisas. Hechas de acero y también disponibles en acabado níquel, cromado o Teflón, las cuchillas miden unos 11,5 cm (4 ½").

Abreojales. Es la herramienta más efectiva para descoser o eliminar las puntadas realizadas por una máquina. Debe utilizarse con cuidado porque es fácil agujerear la tela sin querer.

HILO

Elige un hilo adecuado para la tela de modo, que al coser y al lavar no se creen arrugas en las costuras, se encoja indebidamente o se rompan las fibras.

El hilo de seda (una fibra animal) es el más idóneo para coser lana y seda. El hilo de algodón le va muy bien al lino, al algodón y al rayón (todas fibras vegetales); tiene poca flexibilidad y siempre queda mejor en tela tupida. Por el contrario, los hilos de nailon (poliamida) y poliéster se estiran y se encogen bien, así que son más adecuados para tejidos de punto o sintéticos. El poliéster también está indicado para la lana. El hilo para botones ha de ser uno grueso y resistente; es fundamental para coser botones de abrigos y para manualidades.

En lo que respecta a los colores, si no encuentras el mismo color de hilo que la tela, lo ideal es que escojas un tono más oscuro en el hilo. Si se trata de una tela estampada, elige el hilo a juego con el color dominante.

Los hilos de coser se hilan como el hilo de tricotar, trenzando una o más hebras. Cuanto más apretado sea el trenzado, más liso y fuerte será el hilo. Un trenzado flojo produce un hilo ligero y más suave como el algodón de hilvanar, que se rompe con más facilidad.

El trenzado va de izquierda a derecha (trenzado en «S») o de derecha a izquierda (trenzado en «Z»).

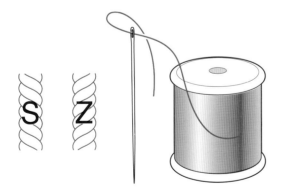

El hilo de coser estándar se hila con trenzado en «Z», lo que lo hace compatible con trabajos de doble pespunte en máquinas de coser (páginas 10-11). El trenzado también puede afectar el modo en el que se enhebra la aguja para coser a mano. Si se enhebra por el extremo del hilo tal cual está en la bobina, entrará con más facilidad por el ojo y no se harán nudos al trabajar.

Al igual que el hilo de los tejidos y la lana para hacer punto, el hilo de costura puede ser natural o hecho a mano, o también una combinación de ambos procesos. Coser con algodón puro ha sido sustituido en gran parte por poliéster recubierto de algodón, ya que el poliéster le aporta fortaleza y cierta flexibilidad, mientras que la capa externa de algodón mercerizado le aporta suavidad.

También siguen habiendo bonitos hilos hechos con seda pura, con lino e, incluso, oro, tal y como se trabajaba hace trescientos o cuatrocientos años. Ahora bien, los procesos modernos de fabricación nos han aportado «seda artificial» (1910), nailon (1935), poliéster (1941) y fibra metálica de aluminio (1946) a unos precios mucho más asequibles. Por si fuera poco, los ingenieros textiles continúan diseñando y probando nuevos tipos de hilos para mercados que siguen en desarrollo y en continua innovación, como el de los tejidos protectores para el trabajo y la ropa deportiva.

Aunque la mayoría de los hilos modernos toleran ser lavados, secados a máquina y planchados, hay que tener en cuenta que algunos rayones se pueden encoger si se lavan con agua caliente, y que los hilos de nailon y los metálicos se derriten en contacto directo con la plancha caliente.

Si coses mucho a mano y quieres trabajar mejor y con más suavidad, pasa el hilo por cera de abeja (página 5) para evitar que se enrolle o se deshilache. El tratamiento con cera funciona muy bien en condiciones de alta humedad, y además elimina la electricidad estática que pueda haber en el poliéster y las fibras sintéticas similares.

El algodón mercerizado recibe un acabado aplicado a las fibras vegetales. Se sumergen en hidróxido de sodio (sosa cáustica) provocando que aumente, que no se destrence y que no encoja en longitud. Una vez secas, las fibras quedan reforzadas y más brillantes y son más fáciles de teñir.

TEJIDOS

Las telas se fabrican a partir de fibras naturales o fibras hechas a mano que a veces se combinan para aprovechar sus cualidades. Por ejemplo, el algodón de poliéster es igual de cómodo que el puro, pero se arruga menos; la calidez de una cobertura de lana se complementa con las propiedades del nailon, que hace que sea más fácil trabajar el tejido a mano.

Tela tejida

Hay tres tipos de entramados en los que se basan todas las telas tejidas: sencillo, sarga y satén. Cada uno tiene sus características diferenciadas. Si tienes intención de crear tu propia ropa, es una buena idea empezar con un material que sea ligero pero que tenga cuerpo, como el algodón tejido al modo sencillo.

1 **El tejido plano** es el más fácil, donde los hilos se pasan uno por encima del otro alternativamente (a lo largo) y uno por debajo del otro (a lo ancho). La muselina, el percal, el tafetán y la popelina son algunos ejemplos.

2 **El tejido sarga** intercala hilos de urdimbre y trama por encima y por debajo de dos o más hilos de forma progresiva. Así se produce un estampado en diagonal en la superficie de tejidos resistentes como el dril, la gabardina o el tejano.

3 **El tejido satén** presenta una superficie lisa y compacta de hilos largos (normalmente de seda, algodón, acetato o rayón) que no permiten ver la trama. El reverso queda mate. Como la urdimbre tiene pocos enlaces con la trama y se ha trabajado con hilos de seda, la superficie aparece brillante, satinada. Igualmente, la superficie brillante suele desgarrarse.

El sentido

El sentido de una tela es la dirección en la que la urdimbre y la trama están dispuestas. La urdimbre va a lo largo, paralela al orillo. Se trata del sentido *a lo largo*. La trama sigue el sentido *transversalmente*, con ángulos rectos respecto al orillo. Hay que comprobar el sentido de la tela antes de diseñar un patrón en papel (páginas 14-15). En lo que respecta a las prendas, suele ir desde el hombro hasta el dobladillo; en cuanto a cortinas, suele ir a lo longitudinal, desde la parte superior a la inferior.

El bies

El bies es la diagonal entre el sentido longitudinal y el transversal. El verdadero bies debería tener un ángulo de 45 grados para conseguir la máxima flexibilidad. Las tiras cortadas al bies suelen utilizarse para el ribete que se pone alrededor de la línea del cuello y la sisa; también se emplean para hacer jaretas para cordeles a la hora de tapizar mobiliario.

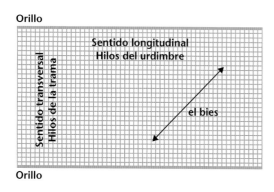

Orillo

Sentido transversal
Hilos de la trama

Sentido longitudinal
Hilos del urdimbre

el bies

Orillo

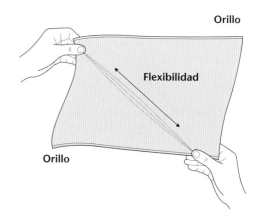

Orillo

Flexibilidad

Orillo

El tejido Jacquard combina el tejido plano, la sarga y el satén para producir damascos, brocados y «tapices». La técnica la inventó Joseph Marie Jacquard en 1801, utilizando un telar que tejía complejos dibujos y estaba controlado por una serie de cartones perforados. Más tarde, el revolucionario sistema de Jacquard inspiró al matemático Charles Babbage para desarrollar el primer ordenador mecánico.

Rasgarse. De los tres tejidos mencionados, el que se rasga con mayor facilidad debido a que los hilos están muy juntos y no pueden absorber la distensión al doblarlo, estirarlo o retorcerlo es el plano. Suele rasgarse en línea recta con el sentido de la tela.

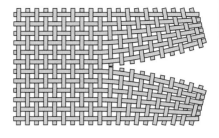

Encogerse. Cuanto más apretado esté el tejido, menos posibilidades habrá de que encoja, tanto durante la fabricación como después. La etiqueta incluida en la tela indicará si se puede lavar o solo lavar en seco. Si no ha sido preencogida previamente, deberás hacerlo antes de cortarla. Sumérgela en agua caliente durante 30 minutos y después escúrrela con cuidado, sécala y plánchala si es necesario.

Tejido de punto

El tejido de punto se hace al entretejer puntos bucle. Esto significa que los extremos no se desenredarán y el material no se arrugará fácilmente. El tejido de punto no siempre tiene por qué ser flexible. Un tejido firme de lana puede ser bastante rígido. En contraste, los tejidos de punto que contienen fibras de licra se estiran bastante a lo largo y a lo ancho, haciéndolos perfectos para la danza y el deporte. Hay dos tipos principales de tejido de punto: el punto de trama y el punto de urdimbre.

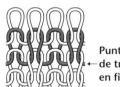

Punto
← de trama
en filas

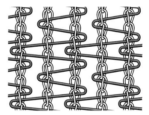

Punto de trama vertical

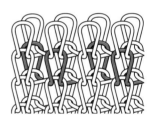

1 El tejido de punto por trama se fabrica igual que si fuese tejido a mano con bucles formados, trabajando un solo hilo en filas a lo largo del ancho del tejido. Puede hacerse en una serie de máquinas de tricotar domésticas o industriales y se les puede dar forma a las prendas durante el proceso. Fabricarse en filas implica que se puede deshacer tirando de un extremo suelto.

2 El tejido de punto por urdimbre se forma mediante múltiples hebras que forman bucles verticales en columnas individuales. Se utiliza una máquina especializada para producir este tejido que se estira muy poco y no se deshace. Productos típicos con este tipo de tejido son el *tricot* y el milanés, que se utilizan en ropa interior y lencería.

Otros productos tejidos con punto de urdimbre son las camisetas, las cortinas de encaje y las mantas.

Fibras sintéticas tipo Raschel. Este tipo de punto de urdimbre tiene una construcción abierta que puede imitar al encaje y al ganchillo hecho a mano con hilos más gordos enlazados y fijados a hilos más finos.

Entretejido. Se trata de un punto de urdimbre liso con puntos entretejidos tupidos que permiten que el tejido se estire. Suele utilizarse en la fabricación de ropa interior y ropa informal.

LA MÁQUINA DE COSER

La herramienta más importante para coser es la máquina de coser, ya sea una reliquia de hierro forjado o el último modelo informatizado. Te dará servicio durante décadas y décadas, siempre y cuando la utilices y la mantengas bien.

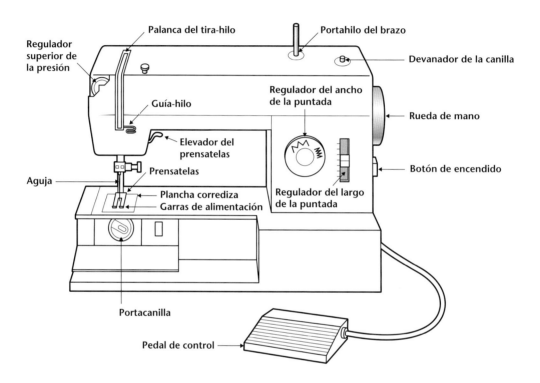

La elección de comprar una máquina nueva o una de segunda mano se fundamentará en el uso que se le vaya a dar. Si se trata de un principiante o se utiliza la máquina de forma ocasional, bastará con un modelo eléctrico básico (como el de arriba) alimentado por un motor eléctrico que guíe la aguja, con una bobina y unas garras de alimentación, operado por un pedal que controle la velocidad de costura y la alimentación de la tela. Con una máquina así se pueden coser en diferentes tamaños puntos rectos, dobladillos, puntadas elásticas y en zigzag seleccionadas con el dial. Además, podrás realizar ojales para botones y una serie de puntadas decorativas.

Las máquinas de coser computarizadas (véase la fotografía de la contraportada) se controlan mediante microchips y varios motores internos, de modo que son extremadamente versátiles, aunque también mucho más caras. Funcionan con una pantalla táctil de LCD y

pueden o no tener pedal de pie o de rodilla. Se trata de sofisticadas máquinas que incluso nos avisan cuando la bobina se está acabando.

Como pueden memorizar y reproducir tareas anteriores y ofrecen cientos de puntadas diferentes gracias a descargas a través de un ordenador, son más indicadas para usuarios profesionales o semiprofesionales. Si tienes planeado crear numerosas prendas o montar un servicio de arreglo de vestidos, objetos de decoración o bordados complejos, en ese caso también valdrá la pena hacer la inversión.

Prepara una lista de las características que deseas en una máquina. ¿Necesitas una bolsa para transportarla o la vas a tener siempre estática en un lugar? ¿Prefieres un modelo que tenga control de mano o de pie? ¿Quieres que tenga un brazo libre, lo que hace que sea mucho más fácil coser mangas?

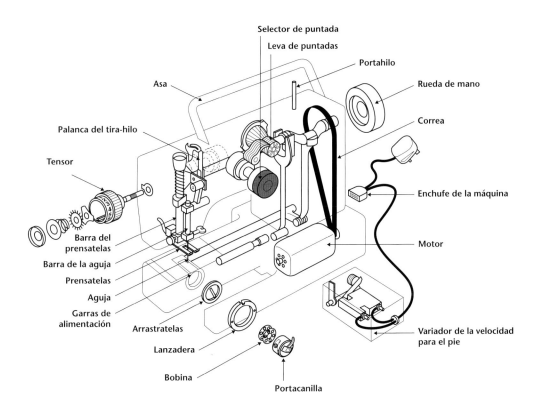

Selector de puntada
Leva de puntadas
Portahilo
Asa
Rueda de mano
Correa
Palanca del tira-hilo
Tensor
Enchufe de la máquina
Barra del prensatelas
Motor
Barra de la aguja
Prensatelas
Aguja
Garras de alimentación
Arrastratelas
Lanzadera
Variador de la velocidad para el pie
Bobina
Portacanilla

Algunos requisitos básicos son: un buen manual de instrucciones, una fabricación robusta, una bobina sencilla de enrollar e insertar, una palanca del hilo fácil de subir, que el cambio de agujas sea sencillo, la tensión y presión deben ser ajustables, debería tener una palanca o un botón para coser en reverso, un control de velocidad variable, incluida una velocidad muy lenta, poder coser una o más capas de tela gruesa sin que se atasque, ha de poseer una marca de margen de costura en la placa de la aguja, luz encima de la zona de costura, cortahilos y un requerimiento de aceite mínimo, si es que necesita.

Si se van a coser muchas prendas, vale la pena considerar una máquina de coser remalladora. Se utilizan para la costura industrial y combinan la costura, el arreglo y el corte en una operación. Las remalladoras operan con dos, tres o cuatro hilos produciendo puntadas en lazos por encima y por debajo del borde de la tela. En el mismo momento, una cuchilla afilada corta el exceso de tela.

Aguja, prensatelas, garras de alimentación, placa de agujas

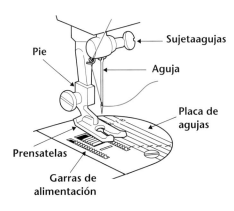

Sujetaagujas
Pie
Aguja
Placa de agujas
Prensatelas
Garras de alimentación

Las agujas para coser por lo general vienen en tamaños que van de 60 a 120 (8-19). Las más finas sirven para coser prendas más delicadas y las más gruesas para las telas más rígidas, como el tejano. También se puede insertar una aguja con punta redonda para los tejidos de punto o las telas elásticas. Con el tiempo, las agujas se van redondeando o se rompen, así que hay que tener algunas de reserva y cambiarlas a menudo. El prensatelas sostiene la tela y la mantiene lisa frente a las garras de alimentación, mientras la aguja realiza las puntadas. Las garras de alimentación cuentan con diminutos dientes metálicos que van moviendo la tela desde la parte frontal hasta la trasera a medida que avanzan las puntadas. La placa de aguja está situada por encima de las garras de alimentación, cubriendo la bobina, con un agujero en la punta de la aguja para que pase el hilo.

Pie de la máquina

El pie de la máquina (tal y como puede verse en el pie para puntada recta más abajo) se une a la máquina con un tornillo sencillo. Las máquinas más modernas tienen un pie que se introduce sin tornillo y que ahorra tiempo. Hay una amplia gama de pies intercambiables, al menos uno para cada función de puntada. Aquí comentaremos cinco de los más usuales.

   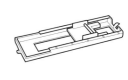

1 Puntada recta. Es el prensatelas más normal que suele venir ya instalado en la mayoría de las máquinas.

2 Zigzag. Tiene una ranura horizontal para permitir el movimiento de la aguja a medida que vaya haciendo el zigzag con el hilo.

3 Cremallera. Se utiliza para insertar cremalleras y cierres o cualquier costura donde las puntadas tienen que ir juntas. El pie puede moverse a izquierda o derecha, y la aguja opera en la pequeña muesca que queda entre el pie y la cremallera.

4 Colchas. Utiliza los dientes para alimentar las capas superiores e inferiores de tela simultánea e uniformemente para evitar que se arruguen. Es ideal para utilizarlo con tela vinílica, terciopelo, guata y tejidos que suelen resbalarse o son elásticos.

5 Ojales para botones. El botón se sitúa en el cargador detrás de la aguja y las puntadas crean un ojal de la longitud deseada.

Cuidado y mantenimiento general

Cuando no se utilizan, las máquinas deberían cubrirse, ya que el polvo es su gran enemigo. Hay que limpiar con un pincelito la zona por debajo de las garras de alimentación con frecuencia y también la zona que rodea la bobina. Te sorprenderá ver la cantidad de pelusas que se acumulan. Conviene engrasar la máquina siguiendo en todo momento las instrucciones del fabricante y pasarle un trapo de algodón después para eliminar cualquier exceso de lubricante. Para evitar doblar o romper las agujas hay que levantarlas antes de quitar la pieza en la que estamos trabajando. Tampoco hay que arrastrar mientras se dan puntadas. Coser con una aguja doblada provocará que golpee el pie o la placa de la aguja y se acabe rompiendo. Hay que levantar siempre el pie al enhebrar la máquina y bajarlo cuando se haya acabado el trabajo. Como parte del circuito de encendido principal, hay que tratar el control del pie con cuidado. Sobre todo hay que apagar el botón de encendido y apagado antes de desconectar cualquier enchufe o intentar limpiarlo o repararlo.

Trabaja en una mesa que esté a una altura correcta para tener comodidad y, si es posible, siéntate en una silla regulable. Situarte frente a una ventana te aportará luz natural durante el día. Una lámpara de techo o una lámpara de escritorio te darán luz extra directa cuando la necesites. Si buscas un efecto de luz de día, puedes decantarte por bombillas halógenas o bombillas de bajo consumo de luz blanca.

PATRONES DE PAPEL

Tomar medidas

1 Altura. Pon a la persona recta, contra la pared, y mide desde lo más alto de la cabeza hasta el suelo.

2 Busto o pecho. Mide el contorno partiendo de la parte más sobresaliente del busto.

3 Cintura. Mide alrededor de la línea natural de la cintura. No aprietes.

4 Caderas. Mide alrededor de la parte más ancha.

5 Hombros. Mide la espalda desde un extremo de los hombros hasta el otro extremo.

6 Longitud desde la espalda hasta la cintura. Mide desde la base del cuello hasta la cintura.

7 Longitud de la manga. Toma medidas desde el centro de la parte trasera del cuello, pasa la cinta por encima del hombro y baja doblando un poco el brazo hasta llegar a la cintura.

8 Torso. Mide desde el centro del hombro, hasta la ingle y de nuevo hasta el hombro.

9 Parte interior de la pierna. Mide desde la entrepierna hasta el empeine por la parte interior de la pierna.

10 Cabeza. Hay que tomar medidas de la parte más ancha, de lado a lado de la frente.

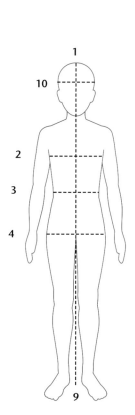 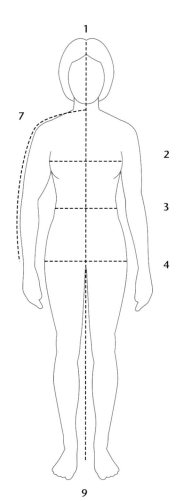 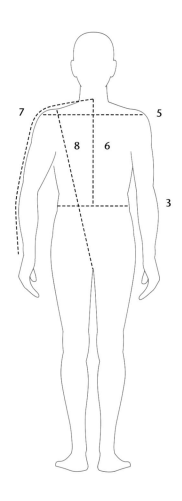

Anatomía de un patrón en papel

La parte frontal del patrón muestra una ilustración a color de la prenda, pero la parte de atrás del sobre nos aportará toda la información necesaria.

Medidas del cuerpo y tabla de tallas →

TALLAS	8	10	12	14	16	18	20	22	24
Busto *(pulgadas)*	31½	32½	34	36	38	40	42	44	46
Cintura	24	25	26½	28	30	32	34	37	39
Cadera	33½	34½	36	38	40	42	44	46	48
Busto *(centímetros)*	80	83	87	92	97	102	107	112	117
Cintura	61	64	67	71	76	81	87	94	99
Cadera	85	88	92	97	102	107	112	117	122

Número de estilo →

X852 — Fácil

Descripción de la prenda, Mercería y Tejidos sugeridos →

Túnica, falda y pantalón para mujer: túnica A que se introduce por la cabeza con cuello, con revestimiento en la parte delantera, bolsillos y bordes sin terminar. Falda apretada B y pantalones C rectos a 2,5 cm (1″) por debajo de la cintura con línea de cintura elástica y escondida.
Mercería: falda B, pantalón C: 1,5 m (1½ yd) de cinta elástica de 2,5 cm ancho (1″).

Tejidos: solo tejidos moderadamente elásticos: jersey de lana fino, punto de algodón y entretejido. No conviene elegir estampados con diagonales, rayas o escocés. Utilizar tejidos que tengan textura para tejidos con diseño con textura, con graduaciones de color o de sentido único. *Con textura **sin textura

Combinaciones: BB(8-10-12-14), F5(16-18-20-22-24)

Metraje requerido →

Medidas acabadas de las prendas →

SIST. MÉTRICO ANGLOSAJÓN (PULGADAS)

TALLAS	8	10	12	14	16	18	20	22	24
TÚNICA A									
60″*	2	2⅛	2⅛	2⅛	2⅛	2⅛	2⅛	2⅛	2¼
FALDA B									
60″*, 7/8 yd.									
PANTALÓN C									
60″*	1¼	1¼	1¼	1¼	1⅜	1½	2⅛	2⅛	2¼
Ancho, en el extremo inferior									
Túnica A	57½	58½	60	62	64	66	68	70	72
Falda B	34	35	36½	38½	40½	42½	44½	46½	48½
Ancho, cada pierna									
Pantalón C	16½	17	17½	18	18½	19	19½	20	20½
Longitud trasera desde la base del cuello									
Túnica A	29¾	30	30¼	30½	30¾	31	31¼	31½	31¾
Longitud de la espalda, hasta la cintura									
Falda B, 26″									
Longitud lateral desde la cintura									
Pantalón C, 42″									

SIST. MÉTRICO INTERNACIONAL (CENTÍMETROS)

TALLAS	8	10	12	14	16	18	20	22	24
TÚNICA A									
150 cm*	1,9	2,0	2,0	2,0	2,0	2,0	2,0	2,0	2,1
FALDA B									
150 cm*, 0.8 m									
PANTALÓN C									
150cm*	1,2	1,2	1,2	1,2	1,3	1,4	2,0	2,0	2,1
Ancho, en el extremo inferior									
Túnica A	146	149	152	157	163	168	173	178	183
Falda B	87	89	93	98	103	108	113	118	123
Ancho, cada pierna									
Pantalón C	42	43	45	46	47	48	50	51	52
Longitud trasera desde la base del cuello									
Túnica A	76	76	77	78	78	79	80	80	81
Longitud de la espalda, hasta la cintura									
Falda B, 66 cm									
Longitud lateral desde la cintura									
Pantalón C, 107 cm									

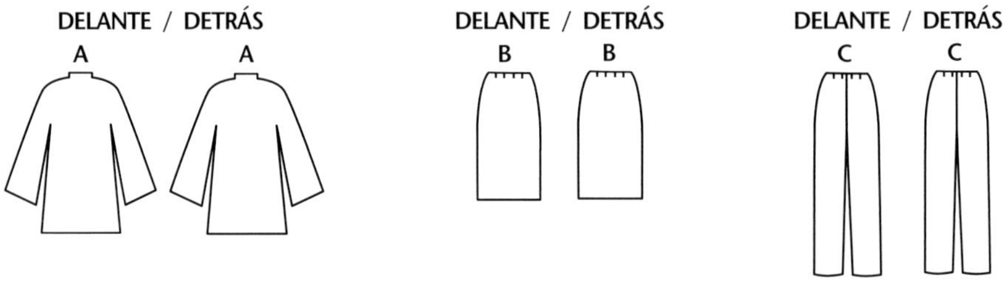

DELANTE / DETRÁS
A
A
DELANTE / DETRÁS
B
B
DELANTE / DETRÁS
C
C

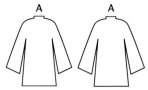

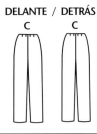

Dentro del sobre encontrarás los patrones impresos junto con una hoja con todas las instrucciones importantes y que representará una miniguía de costura, que te aportará instrucciones generales con explicaciones de las marcas en los patrones, el contorno para cortar, la preparación de la tela, un glosario de términos y unas instrucciones de costura paso a paso.

A continuación mostramos un diseño de corte habitual. La tela se fabrica en unos anchos estándar de 91-115 cm (36-45") para prendas de algodón; 137-152 cm (52-60") para poliéster, lana, vellón y tela de tapicería. Se ofrecen diseños diferentes para cada anchura y también se tiene en cuenta si la tela tiene que cortarse siguiendo un sentido concreto, por ejemplo, como ocurre con el terciopelo. Se incluyen las formas de los patrones para la entretela y el forro. La información suele ser completa y precisa.

Si estás trabajando con tejidos a cuadros, con rayas anchas o un estampado grande que se repite puede que necesites más tela para casar los dibujos. Esta cantidad extra de tela seguramente se mencionará en el patrón. De no ser así, se puede pedir consejo al empleado de la tienda.

Corte del patrón

Las piezas de patrón de papel están dispuestas a lo largo siguiendo la dirección del sentido de la tela (páginas 8-9). El tejido normalmente está doblado, pero si se tiene que cortar una pieza sin doblar o en sentido contrario a la longitud del sentido quedará especificado en el diseño. El revés de la tela se muestra coloreándolo más oscuro.

Hilvanar con alfileres es una fase que requiere gran atención para encajar bien los cuadros, las rayas o cualquier otro aspecto importante de la tela, como ocurre con la seda o el tafetán, que tienen reflejos de distintos colores. Un tejido con reflejo tiene una urdimbre y una trama en dos colores diferentes, de modo que la tela parece cambiar de color según el ángulo en que se mire.

Si tienes que marcar la tela, por ejemplo para situar botones u ojales, utiliza tiza de sastre (página 5) o cualquiera de los rotuladores especiales para tela que hay disponibles. Algunos tienen tinta soluble en agua y sencillamente se borran al cabo de un día o dos. No obstante, hay que seguir siempre las instrucciones del fabricante. Los rotuladores no suelen recomendarse para tejidos que solo se pueden limpiar en seco.

Las marcas realizadas en un patrón de papel pueden cortarse para después unirlas como si se tratase de una pestaña en el borde de la tela o pueden cortarse y meterse dentro de la costura.

La letra «O» quiere decir orillo mientras que la letra «P» se refiere al pliegue. Los números hacen referencia a los distintos patrones de las piezas.

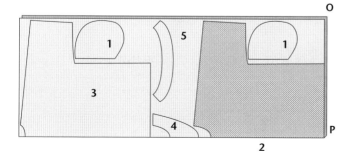

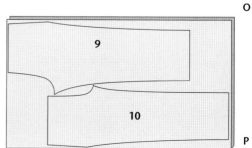

MERCERÍA

Englobamos todo el material necesario para confeccionar la prenda, aparte de la tela. A continuación listamos algunos elementos de mercería típicos. Es buena idea comprarlos en el mismo momento que se adquiere la tela para garantizar que los colores combinen bien entre sí.

A Hilo

B Cinta de bies

C Cinta elástica

D Lazo o puntilla

E Botones

F Cremallera

G Broches automáticos

H Corchetes

I Velcro

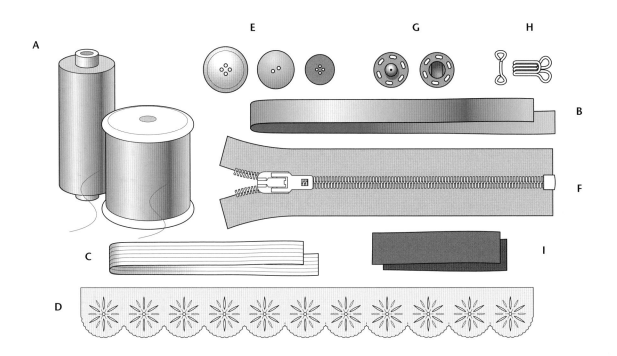

SEGUNDA PARTE
MÉTODOS Y TÉCNICAS PARA COSER A MANO

ENHEBRAR UNA AGUJA

Si te resulta difícil enhebrar las agujas para coser a mano, puedes utilizar un enhebrador que suele venir en los costureros básicos o también puedes adquirir uno en la mercería.

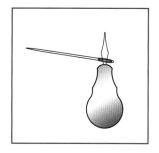

1 Sostén la base del enhebrador entre el dedo pulgar y el índice e introduce el aro de alambre por el ojo de aguja.

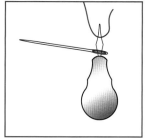

2 Introduce el hilo dentro del aro de alambre.

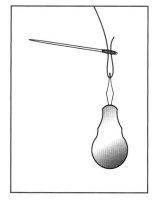

3 Estira del aro de alambre hacia abajo, para que el hilo pase por el ojo de la aguja. Extrae el enhebrador por el extremo corto del hilo hasta que te quede solo la aguja y el hilo.

PUNTADAS RECTAS

Hilvanar

Sostiene la tela en la misma posición hasta que se realiza la puntada definitiva. Es parecido al punto simple, pero más largo. Empieza con un nudo que se cortará cuando se quite el hilván.

Punto básico

Es la puntada más básica, y se utiliza para las costuras y juntas. Primero fija el hilo con dos puntadas pequeñas en el mismo lugar. Con la aguja en la parte frontal, introdúcela en la tela y vuélvela a extraer con un único movimiento. Las puntadas y el espacio entre ellas deberían ser de la misma longitud. Remata con un pespunte.

Pespunte

Imita al punto hecho a máquina. Empieza exactamente como si hicieses un punto simple y después vuelve la aguja hacia atrás en cada punto para meter la hebra en el mismo punto por donde pasó antes.

Punto de festón

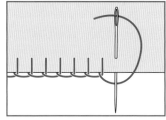

Se utiliza para adornar los extremos de la ropa. Fijar la hebra con un nudo y llevar la aguja introduciéndola en la ropa hacia delante y volver a dar una puntada en el borde, formando un bucle. Pasar la aguja por el medio del bucle y estirar contra el borde. Si se trabaja de izquierda a derecha, introducir la aguja de nuevo en la tela a la misma altura. Estirar la aguja hacia delante formando un nuevo bucle para crear el festón. Volver a apretar igual que antes. Repetir la fila y rematar con un punto extra al final del bucle.

COSER UNA COSTURA ABIERTA

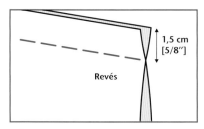

1 Pon alfileres e hilvana los dos lados encarados por el derecho con una línea de punto simple o pespunte de 1,5 cm (5/8") desde el extremo de la tela. Ese margen se llama *margen de la costura.*

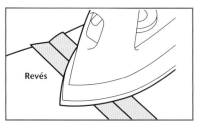

2 Cuando las piezas ya estén unidas, ponlas planas sobre la mesa y plancha el margen de la costura abierto.

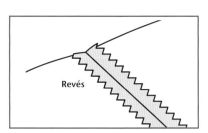

3 Utiliza tijeras dentadas si quieres que los bordes de la costura queden más bonitos y no se deshilachen. Otra alternativa es rematar la costura con punto de festón o coserlo a punto por encima (página 20).

COSER UNA COSTURA INVISIBLE

Las costuras invisibles, como la costura francesa, no dejan a la vista ningún borde sin rematar. Son ideales para prendas que no lleven forro, para lencería o telas vaporosas que suelan deshilacharse. El punto doble aguanta bien el uso y lavado frecuentes.

Coser una costura francesa a mano

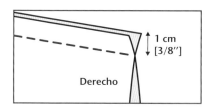

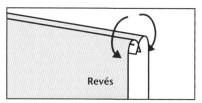

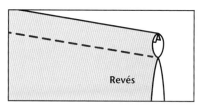

1 Utiliza alfileres e hilvana el revés de las dos telas, encaradas entre sí. Con punto simple o pespunte cose una línea dejando 1 cm (3/8") desde el extremo de la tela.

2 Recorta las dos capas del margen de la costura hasta que solo queden unos 3 mm (1/8") y dobla la costura de modo que el derecho de los dos lados de la tela queden juntos por debajo de la línea cosida. Plancha bien sobre el doblez, escondiendo el pequeño margen de la costura.

3 Cose una segunda línea a unos 6 mm (1/4") desde el doblez y plancha la costura acabada.

CURVAS Y ESQUINAS

Cortar las curvas interiores y exteriores

Las costuras curvas necesitan un margen también curvado, por lo que hay que cortarlo un poco para que no se formen arrugas y queden planas.

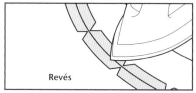

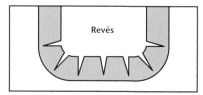

Los cuellos de las camisas, la sisa y los bolsillos son lugares en los que suele haber curvas y hay que recortar un poco el margen. Si hay que cortar hasta la línea de la costura, hay que tener cuidado de no cortarla. Si es necesario, más tarde se puede utilizar la punta de la plancha para planchar la costura abierta sobre una superficie curva como un manguero (página 5) o una almohadilla para planchar.

Unos únicos cortes en intervalos regulares pueden ser suficientes en algunos tejidos, como la seda o el linón de algodón, pero si se quieren evitar cúmulos de tela en tejidos más gruesos se han de cortar unas muescas con forma de pequeños triángulos en el margen de la costura y eliminar los pequeños triangulitos.

Cortar las esquinas

El mismo principio puede aplicarse a las esquinas, por ejemplo, en el fondo de una bolsa o al final de una pretina. Corta cualquier exceso de tela lo más cerca posible de las puntadas y después intenta hacer una esquina con ángulos rectos. Utiliza una aguja de ganchillo o una aguja de hacer punto para ayudarte, pero ten cuidado con la punta no se vaya a dañar la tela.

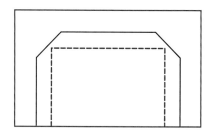

ZURCIR

Utilizar puntadas rectas

Las puntadas simples y los pespuntes son las puntadas más usuales para remendar costuras y jaretas (página 22). Las costuras cruzadas (punto en el que se juntan cuatro piezas de tela en la entrepierna o en la sisa de una prenda) normalmente requieren ser remendadas con el tiempo y para hacerlo tenemos que darle la vuelta a la prenda y sustituir las puntadas rotas por otras. Empieza y termina a 1 cm (3/8") a cada lado de la rotura, siempre que la puntada siga estando bien en ese punto.

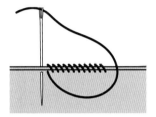 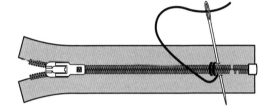 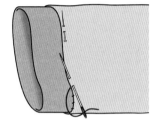

Sobrehilar

Se utiliza para coser dos bordes para que no se deshilachen, por ejemplo cuando se zurce un roto o se pone un parche o un refuerzo a una prenda. En primer lugar hay que fijar la hebra con dos puntadas pequeñas en el mismo lugar y seguir con puntadas en diagonal con un espacio igual entre ellas. Esta puntada puede hacerse de izquierda a derecha o viceversa.

Sobrehilar una cremallera rota

Si los dientes que le faltan a la cremallera están cerca de la base se puede reparar poniendo el tope por encima de los dientes rotos y sobrehilando a lo ancho de los dientes.

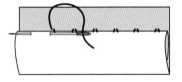

Punto oculto

Se utiliza para coser un borde doblado de modo que sea invisible en una superficie lisa. Tomar unas cuantas hebras de tejido plano con la aguja, introducirla por el pliegue y pasarla a más o menos 1 cm (3/8") antes de realizar la siguiente puntada.

Reparar el forro de una manga

El punto oculto es ideal para reparar los puños de una manga. Si se ha utilizado mucho la prenda, se le puede dar la vuelta a la manga, deshacer el forro alrededor de la parte interna del puño y esconder la zona más rozada. Fija con alfileres el nuevo pliegue y con punto oculto vuelve a coser el forro.

UTILIZAR UNA REGLA DE COSTURAS O DE DOBLADILLO

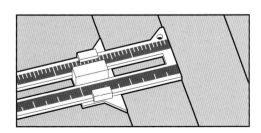

Se trata de un indicador de 15 cm (6") acoplado a un marcador que se desliza y que nos permite insertar la prenda en una medición fija. Se utiliza para garantizar que el margen del dobladillo o la costura sea igual en todos los puntos o para medir pliegues o tablas y ojales para botones con precisión.

DOBLADILLOS

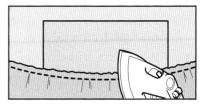

Hacer un dobladillo

Los dobladillos suelen hacerse a mano incluso cuando el resto de la prenda se ha cosido a máquina.

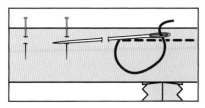 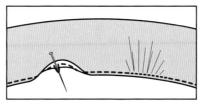 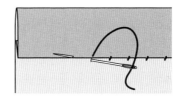

1 Deja la prenda colgando en una percha durante un día antes de fijar con alfileres el dobladillo y después hilvana el dobladillo inferior y dobla a su vez el extremo sin acabar de la prenda, preparándolo para ser cosido. Si la tela está deshilachándose o es demasiado gruesa, cose una cinta alrededor del lado derecho del extremo sin acabar y haz un dobladillo (página 24).

2 Si se quiere hacer un dobladillo circular o ancho, da puntadas simples alrededor del borde superior. Intenta crear grupos regulares de pliegues, fijándolos con alfileres, y después hilvana para prepararlo para la costura. Otra alternativa es incorporar cinta de bies (página 24) después de hacer los pliegues.

3 Planchar con vapor la tela voleosa ayuda a evitar grosores indeseados. Utiliza un trapo o un papel grueso para evitar provocar arrugas en el derecho de la tela. Presiona con suavidad y levanta la plancha. No la arrastres nunca sobre la tela húmeda.

Punto de jareta

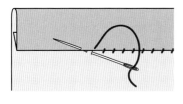

El segundo doblez del dobladillo debe ser más estrecho que el primero, unos 7-10 mm (1/4-3/8"). Fija la hebra con dos pequeñas puntadas en el borde del pliegue. Empieza a coser avanzándote dos o tres hilos de la tela antes de pasar la aguja para volver a fijar el dobladillo. Esta puntada de jareta puede hacerse de derecha a izquierda o al revés.

Dobladillo con punto de espina

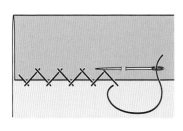

Es ideal para fijar los dobladillos con tela gruesa que no se deshilache, en la que no hace falta realizar un segundo pliegue hacia dentro. Se trata de hacer una puntada con un gran punto de cruz, haciendo un punto hacia atrás alternativamente en cada capa de tela.

Punto de jareta oculto

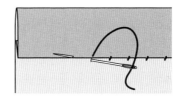

Es parecido al punto oculto (página 20). Tomar unos cuantos hilos de la tela con la aguja, insertarla en el pliegue y pasarla por dentro alrededor de 1 cm (3/8") antes de volver a extraerla para hacer la siguiente puntada.

Dobladillo enrollado

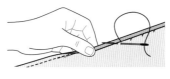

Si estamos trabajando con prendas delicadas, hay que coser sobre una línea de dobladillo previamente marcada y utilizar una aguja fina. Cortar la tela a unos 5 mm (1/4") de la línea marcada y, con el dedo pulgar y el índice, empezar a enrollar el borde sin rematar hacia las puntadas. Insertar la aguja a través de la tela enrollada, coger un hilo o dos de la tela y pasar la aguja hacia el rollo de nuevo. Al cabo de unas puntadas hay que estirar de la hebra para garantizar que la tela enrollada está bien fijada.

JARETAS

La jareta suele ser un tubo cosido para insertar dentro una cinta elástica, una cuerda o un lazo. Se utiliza para pretinas elásticas, bolsas de la merienda, para los zapatos o para sujetar cortinas. Si se hace lo bastante ancha se puede insertar una segunda cuerda o lazo y crear una cortina con la parte superior con fuelle. La jareta, si es ancha, se denomina lorza.

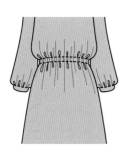

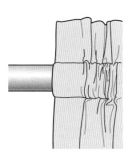

Hacer las jaretas

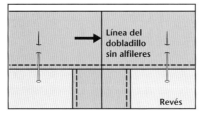

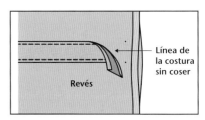

1 Dobla la tela dos veces, como si hicieses un dobladillo. Fíjala con alfileres y cósela. Si la coses a mano, haz un pespunte para reforzar la tela porque es una zona que tiene mucho uso. Para dejar un hueco donde insertar las cuerdas (por ejemplo, en una bolsa para zapatos) no cosas las costuras a ambos lados por encima de la línea horizontal de pespunte y deja el margen del dobladillo hacia dentro.

2 Otra alternativa es crear una especie de tubo con cinta recta que debe ser un poco más ancha que la cinta elástica, el lazo o el cordón que se quiera pasar por el interior. Cósela y aprovecha las aberturas de la costura para pasar por el interior la cinta elástica... Después acábalos de coser sin bloquear el interior.

Insertar la cinta

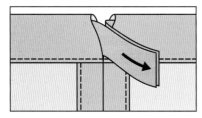

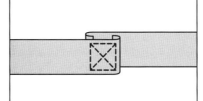

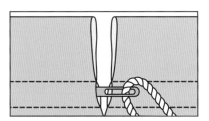

1 Calcula cuánta cinta elástica vas a necesitar midiendo la cintura, la muñeca o la longitud que se desee y dándole un poco más de margen para cualquier ajuste y para coser los extremos. Si es más pequeña que el tejido, utiliza un imperdible en el extremo libre y pásalo por la tela antes de introducirla por el tubo. Nivela los extremos fuera de la tela cuando ya hayas pasado toda la cinta y júntalos intentando que encajen bien.

2 Recorta cualquier exceso y después junta la cinta elástica tal y como se muestra en el dibujo, a menos que sea tan estrecha que no puedas doblar los extremos. Haz puntadas en forma de cuadrado y/o una cruz si quieres que la sujeción sea total. Después la cinturilla, el puño de la manga o el trabajo que hayas realizado ya se puede cerrar.

3 Para insertar una cuerda doble tendrás que comprar suficiente como para duplicar la longitud de la bolsa con unos 30 cm (12") de más por si acaso. Habremos dejado un agujero en la costura a cada lado. Córtala por la mitad y con un pasacintas hilvana la cuerda y pásala por cada mitad de la jareta, empezando y acabando en los lados opuestos. Haz un nudo en los extremos de la cuerda de modo que queden firmemente atados. Estira de ambos lados para cerrar la bolsa.

PROYECTO: BOLSA FRUNCIDA PARA REGALOS

Esta bolsita mide 10 x 18 cm (4 x 7") y puede coserse a mano utilizando lazos con la intención de insertar dentro obsequios en fiestas, bodas y demás eventos. Se puede elaborar con muselina o con batista. También puede ponerse en su interior lavanda o madera aromática de cedro y colgarla en una percha dentro de un armario o ponerla en un cajón. El mismo patrón, pero a mayor escala, puede servir para hacer una bolsa grande para la ropa sucia, para guardar zapatos o juguetes, utilizando cualquier tela apropiada.

Para hacer una bolsita de regalo necesitarás:
• Un trozo de organza de 13 x 46 cm (5 ¼ x 18").
• Una cinta de satén o nailon de 25 cm (10") de longitud y unos 15 mm (5/8") de ancho para la jareta que contendrá el fruncido.
• Una cinta de un color que combine bien de 65 cm (26") de largo y 7 mm (1/4") de ancho para hacer los cordones en ambos sentidos. También se puede utilizar la misma cantidad de cualquier cuerda fina de seda.

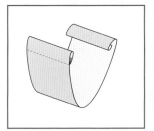

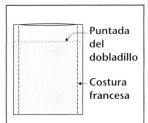

Puntada del dobladillo

Costura francesa

Gira los extremos hacia dentro

Jareta para el lazo

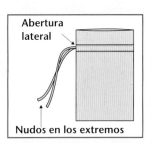

Abertura lateral

Nudos en los extremos

1 Dobla los extremos de la tela unos 5 cm (2") y vuelve a doblar los extremos hacia dentro de la costura como se muestra en la página 21. Dobla la pieza por la mitad de manera que el revés de ambos lados de la tela quede encarado hacia dentro.

2 Haz una costura invisible a cada lado de la bolsa, siguiendo las instrucciones de la página 19. Cuando ya estén hechas las costuras francesas, gira la bolsa de dentro hacia fuera y ya estará lista para insertar la cinta en la parte exterior.

3 Corta la cinta que contendrá el lazo por la mitad. Toma una pieza, gira los extremos sin rematar hacia abajo y pon alfileres a un lado de la bolsa, ocultando la línea de puntadas del dobladillo. Crea una especie de tubo realizando pequeñas puntadas simples e iguales (página 18) a lo largo de cada extremo. Repite y haz lo mismo con la cinta que queda en el otro lado.

4 Habrá una pequeña apertura en la jareta a cada lado del bolso, al mismo nivel que las costuras laterales. Corta el lazo o la cuerda por la mitad y utiliza un pasacintas o un pequeño imperdible para pasarlo por el pequeño tubo (véanse las instrucciones en la página anterior). Haz un nudo en los extremos del lazo o la cuerda. Con lo que nos sobre se repite la operación desde el otro lado.

Mete el obsequio dentro de la bolsa y tira del lazo o la cuerda para fruncirlo y cerrarlo. Antes de llenar la bolsa quizá quieras adornarla con un bordado o con abalorios.

RIBETES

Hay dos tipos principales de cinta de ribete, aunque están disponibles en multitud de materiales, desde sarga resistente hasta malla de nailon.

Cinta recta

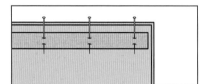

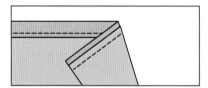

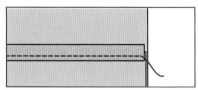

1 La cinta recta se utiliza para reforzar las puntadas en las costuras donde se ejercerá mucha tensión sobre el hilo de coser, como ocurre en los hombros y en la pretina. La cinta se fija con alfileres por encima de la línea de cosido para que las puntadas vayan sobre tres capas.

2 Cuando se haya hecho la costura, el margen se recorta cerca de la línea de costura, con cuidado de no cortar la cinta.

3 La cinta recta también es útil para los dobladillos. Si la tela es gruesa o se deshilacha, se puede coser la cinta alrededor del lado derecho del borde sin rematar y utilizarla como borde de dobladillo.

Cinta de bies

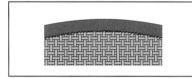

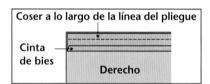

1 La cinta de bies, como su nombre implica, se fabrica al bies (página 8) y se aplica siguiendo el contorno de cualquier costura. Se utiliza para que no se deshilachen los extremos, sobre todo en telas gruesas o con acolchado que no se pueden rematar bien girándolas.

2 La mitad de la cinta de bies se plancha abierta, se alinea con el extremo sin rematar de la tela por el derecho y se cose a lo largo de la línea de doblez del ribete (para ir más rápido, se puede utilizar una máquina de coser).

3 Dobla el ribete por encima del extremo sin rematar para encontrarte con la línea previa de puntadas por el revés. Haz puntos ocultos a lo largo del ribete.

Cinta de bies como decoración

A menudo se utiliza como elemento decorativo y se puede comprar en multitud de colores y estampados, en acabado satinado y mate y con numerosas anchuras. Para que sea más original, puedes fabricarte tu propia cinta de bies con cualquier tela que tengas siempre y cuando la cortes bien, formando ángulos de 45 grados con el sentido del hilo. Para utilizarla

como cinta con doble doblez, tienes que cortar la tira con un ancho cuatro veces mayor que el ancho que quieras cuando esté acabado.

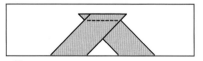

1 Se pueden unir las cintas cosiéndolas rectas, de modo que las cintas de bies formen un ángulo recto. Plancha la costura bien abierta después.

2 Ribetear el borde de un babero no solo resuelve el problema de hacer un dobladillo en un tejido de rizo, como el de una toalla, sino que además el ribete puede ampliarse y formar la lazada desde el cuello.

FRUNCIDOS Y TABLAS

Tanto los fruncidos como las tablas están diseñados para combatir la holgura de la tela.

Fruncidos

Las jaretas de la página 22 son un fruncido ajustable, como la cinta de fruncido que se emplea en las cortinas. Ahora bien, hay ocasiones en las que necesitamos unos fruncidos permanentes, por ejemplo en la cinturilla de una falda o en el puño de una manga muy holgada.

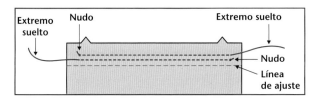
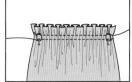
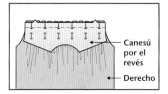

1 Dentro del margen de la costura de 1,5 cm (5/8"), cose dos líneas con punto simple, dejando entre ellas la misma distancia y cóselas en direcciones opuestas. Empieza cada línea con un nudo fuerte y deja el otro extremo suelto.

2 Los fruncidos se irán formando cuando se estiren poco a poco ambos extremos opuestos a la vez. Pon dos alfileres a cada uno de los lados, y enrolla el hilo cuando ya tengas el ancho deseado.

3 Pon el tejido fruncido sobre un lugar plano y ajústalo, de ser necesario, antes de poner los alfileres sobre el canesú o la pretina e hilvánalo, dejándolo preparado para coser. En este momento es cuando se puede añadir cinta de ribete recta para reforzar alguna parte si se quiere (véase página anterior).

Tablas

Las tablas regulan la holgura de la tela de un modo más estructurado que el fruncido. Necesitan una medición cuidadosa y mucha preparación con alfileres e hilván. Tendrás que tener preparada la plancha con vapor porque las tablas requieren que se planchen a medida que se avanza.

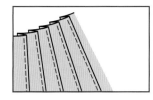
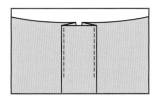
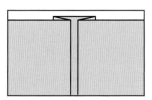

1 El pliegue de cuchillo consiste en doblar sencillamente la tela en una única dirección, ya sea a derecha o a izquierda. Al presionarlos se irán formando, aunque las telas más gruesas se suelen coser en el borde también para que la forma quede más definida.

2 El pliegue de caja se forma mediante dos pliegues de cuchillo, espalda con espalda. Normalmente se cosen arriba para mantener la forma en las caderas.

3 Un pliegue de caja invertido se realiza cuando los pliegues de cuchillo se miran. Es típico en los bolsillos de los uniformes militares.

Un pliegue de vuelo es un pliegue corto y cerrado de unos 30 cm (12") de longitud en el dobladillo de una falda recta. Normalmente el pliegue está en la parte trasera y permite mayor libertad de movimiento. Debe ser reforzado en la parte superior de cada lado para evitar que se rasgue.

FRUNCIDO NIDO DE ABEJA

El fruncido en nido de abeja, o punto de *smock*, es una forma tradicional de bordado a mano que se trabaja con pliegues pequeños e iguales de tela. Cuando se quitan los hilos que lo van formando, la tela resultante queda bastante elástica, lo que la hace ideal para la ropa de niños. Esta técnica también es muy adecuada para hacer corpiños en blusas y para utilizarla en puños o en mangas anchas, así como para detalles en los bolsillos. En el menaje del hogar se utiliza en cojines o almohadas realizadas con seda, lino o terciopelo, y dará un toque lujoso a la casa. Se necesita bastante tela para realizarla, así que, como regla general, hay que multiplicar por tres o cuatro el ancho final que se desee.

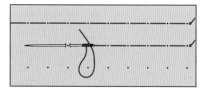

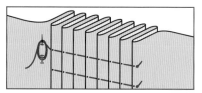

1 A menos que se haga el fruncido de nido de abeja con tela a cuadros o a rayas en las que el dibujo será el que nos marque cómo tenemos que hacerlo, tendremos que hacer una serie de puntos en el revés de la tela, siguiendo el sentido de la tela. Realizar puntadas entre los puntos marcados, tal y como muestra el dibujo, utilizando un hilo que contraste y que sea fácil de eliminar.

2 Estirar de los hilos, realizando el fruncido, pero con cuidado de no apretar demasiado. Poner dos alfileres y enrollar el hilo sobrante cuando se haya conseguido el ancho deseado. Hay que asegurarse de que los pliegues sean iguales.

Ahora ya puedes empezar a bordar en la parte frontal de los pliegues. Un hilo de algodón de bordar de seis hebras será el más indicado, aunque también puedes trabajar solo con tres hebras; además, necesitarás una aguja de bordar (página 6).

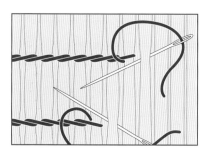

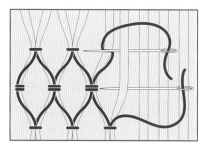

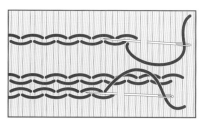

1 **Punto de tallo.** Puesto que el fruncido de nido de abeja se realiza con la intención de que sea bastante elástico, intenta no trabajarlo muy apretado. Realiza la primera hilera con este sencillo punto para comprobar que la tensión es la adecuada.

2 **Punto de abeja o de rombo.** Haz un punto atrás pasando por dos pliegues, pasa la aguja entre los pliegues, baja unos 6 mm (1/4") y entra en el siguiente pliegue a mano derecha, de derecha a izquierda. Haz otro punto de atrás y repite la secuencia subiendo y bajando alternativamente. Repite la operación una línea por debajo, para que sean idénticas y formen el patrón de un nido de abejas. Comprueba siempre que el hilo está correctamente por encima o por debajo de la aguja.

3 **Punto trenzado o punto de cordón.** Se hace de izquierda a derecha, tomando el hilo y dos fruncidos; luego se clava la aguja en el fruncido de la derecha. El hilo que borda se pone alternativamente hacia arriba, y después hacia abajo con respecto a la aguja. El punto de cordón doble consiste en dos hileras trabajadas juntas de modo que sean idénticas, como el reflejo de un espejo.

PRETINAS Y PUÑOS

Las pretinas tienen que quedar firmemente armadas y por eso se cortan en el sentido de la urdimbre (página 8), en paralelo al orillo. Pueden reforzarse con una cinta recia para la cintura que solo queda visible en el interior de la falda. Es posible introducir un corchete plano en el extremo de la cintura de una falda o un pantalón, con la hembra para abrochar en el otro lado.

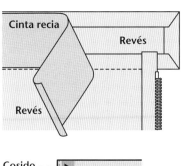

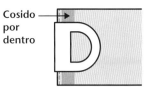

Otra alternativa es reforzar las cinturas o los puños por dentro con algún material como bocací o entretela Vilene®. Algunas entretelas se pueden planchar, lo que nos ahorra tiempo, pero hay que comprobar que se puedan lavar.

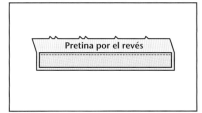

1 Dobla la pretina por la mitad, a lo largo, y cose la entretela de manera que coincida con la línea del centro.

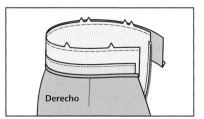

2 Haz que coincidan las muescas del estampado de la tela, fíjalo con alfileres e hilvana el derecho de la tela. A continuación cose firmemente la pretina a la falda (si es posible, mejor con la máquina de coser). Presiona hacia arriba las pequeñas puntas por debajo de la entretela.

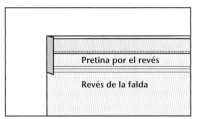

3 Corta y coloca bien la capa del margen de la costura para evitar que haya un exceso de tela antes de acabar de fijarlas de forma que no se vean.

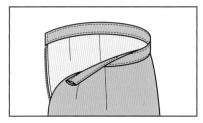

4 Dobla la pretina a lo largo del borde de la entretela para que los bordes concuerden con la línea de cosido, hilvana y acaba la prenda.

Un cierre de velcro requiere poca presión y es ideal para todos aquellos a los que les incomoden los botones y las cremalleras, que son más difíciles de cerrar. Se puede recortar el velcro sin que se deshilache y coserlo en la posición adecuada en puños, pretinas y solapas. Lo mejor es abrochar los cierres de velcro antes de ponerlos en la lavadora.

ABERTURAS Y CIERRES

En toda pretina o cuello hay una abertura y un cierre. El tipo más sencillo se realiza insertando una cinta de velcro cerca de la costura. Otros cierres un poco más sofisticados incluyen una solapa. Ésta se elabora con dos piezas de tela, una sencilla y la otra doblada por la mitad. Dentro de esta abertura podría incluirse una cremallera (página 41), una hilera de botones o una tira de velcro. Hay que realizar un pespunte para reforzarlo.

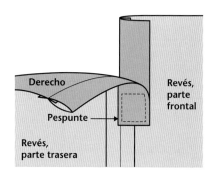

Derecho

Revés, parte frontal

Pespunte →

Revés, parte trasera

Cierres

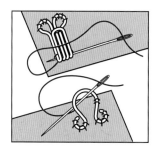

1 Utiliza un corchete macho y uno hembra para abrochar una pretina. En función de lo ancha que sea, puedes necesitar un par adicional. Las pretinas están sometidas a mucha tensión, así que hay que coserlas a conciencia a la prenda e incluso sobrehilarlas para evitar que se caigan.

2 Si vas a poner cierres automáticos, cose todos los agujeros a la solapa para que quede bien fijada. Las puntadas no deberían verse por el derecho. Alinea la posición de la otra parte del cierre pasando la aguja por el agujero central. Si se desea se puede coser un botón, a modo de adorno, en el derecho de la solapa, directamente sobre el cierre automático.

Coser un botón en un abrigo

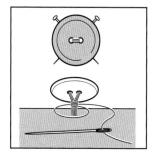

Utiliza doble hilo si no tienes un hilo idóneo para botones. Los botones cosidos en abrigos o chaquetas no deberían coserse muy apretados contra el tejido, sino que hay que dejar espacio para que entre la otra capa de tela cuando esté abrochado. Hay botones que se fabrican sin ojales (botones de pie) y otros con ojales. Se pueden poner dos alfileres cruzados debajo del botón, si viene con ojales, para dejar un poco de espacio extra. Después de una cuantas puntadas se pueden quitar los alfileres y darle vueltas al hilo alrededor. Es preferible acabar con una hilera de puntos de ojal para reforzarlo aún más.

Coser una presilla para un botón

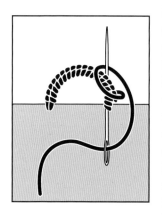

Las presillas son un cierre alternativo para prendas y bolsos. Cóselas en el borde de uno de los lados de manera que queden alineadas con unos botones alargados o redondeados, que se sitúan en el otro lado. Refuerza el hilo sobrehilando, comprueba bien la medida con el botón y haz un arco con el siguiente punto de fijación. Continúa haciendo lazadas de un lado a otro antes de realizar puntadas de ojal para fijar bien los hilos.

HACER UN OJAL COSIDO A MANO

Cuando sepas cuántos botones vas a utilizar, deberás decidir si los ojales irán vertical u horizontalmente y a qué distancia del extremo se situarán. La respuesta depende de la dirección de presión que vaya a ejercer el botón o los botones. Si no están sometidos a presión, pueden confeccionarse en vertical porque el botón no necesitará moverse.

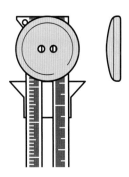

El ojal acabado no debería tener más de 3 mm de longitud que el propio botón, pero hay que hacer un corte inicial en la tela. Como regla general, se puede añadir el ancho del botón a su grosor más 3 mm (1/8") para abrocharlo y desabrocharlo con facilidad. Haz una prueba primero en un trozo de tela que sobre, marca la longitud con un alfiler a cada extremo e hilvana o dibuja una línea con precisión entre ambos alfileres. Con unas tijeras de bordar afiladas o un abridor de costuras, agujerea la tela hacia la mitad de la línea y corta.

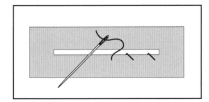

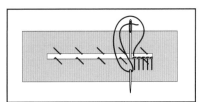

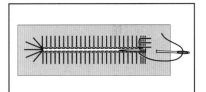

1 Sobrehilar los bordes que hemos cortado para evitar que se deshilachen. Basta con hacer entre cuatro y seis puntadas en cada lado del ojal. Deberían tener una profundidad de unos 3 mm (1/8").

2 Sostén el ojal lo más plano posible mientras lo vas cosiendo. La puntada de ojal es la misma que la puntada de festón (página 18), pero haciendo las puntadas mucho más cerca entre sí. Para que quede más estético, hazlas de la misma longitud.

3 Los extremos se pueden rematar de varias maneras. Se puede elegir hacerlos igual. El que está compuesto por puntadas de ojal horizontales parece ser más fuerte debido a las dos o tres puntadas rectas que forman la base de las puntadas de ojal que los recubren. El que simula un abanico es más decorativo y consiste en hacer cinco puntadas en ángulo, de manera que la más larga esté alineada con la abertura.

COSER LAS MANGAS

Hay muchos tipos distintos de mangas. Por ejemplo (de izquierda a derecha): raglán, japonesa, obispo, globo, bombacha y sastre. Fíjate en que ni la manga raglán ni la japonesa tienen una costura encima del hombro y, por lo tanto, no se cosen como las demás.

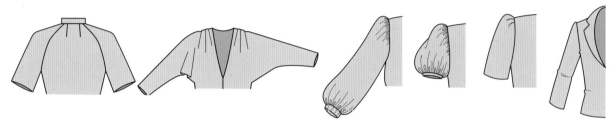

La manga se une al cuerpo de la prenda mediante una costura que rodea la sisa. Unir la manga requiere gran parte de preparación a mano, aunque la fase final suele hacerse a máquina. El proceso empieza con el corte y lo más obvio es que la cabeza de la manga es mayor que la sisa. Sin embargo, es el corte de la cabeza de la manga el que permitirá que el brazo se mueva con libertad.

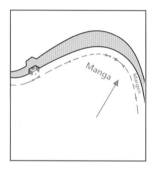 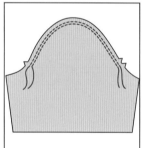 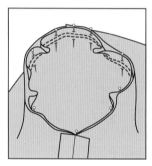 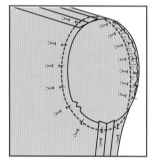

1 El patrón de la manga tiene unos piquetes, que corresponden a la sisa de la prenda principal, y también unas marcas, que muestran la línea de costura en la curva de la cabeza de la manga.

2 Cose una línea doble con punto simple a lo largo de la línea de costura, dejando sueltos los extremos del hilo. Después une la costura de la manga, girándola de manera que el lado derecho quede hacia fuera.

3 Sujeta con alfileres la cabeza de la manga con la sisa, y estira de los hilos con suavidad para que encajen bien con la cabeza. Para hacer una manga tipo globo y que quede fruncida ya desde la costura del hombro, estira del hilo exterior más que del hilo interior para hacer que el arco de la cabeza se arquee.

4 Distribuye bien el fruncido, de manera que quede uniforme, pero *no cortes todavía ningún exceso de tela*. Hilvana firmemente y quita los alfileres antes de probar la prenda. Ahora es el momento ideal para hacer ajustes. Una manga de sastre debería quedar bien ajustada, sin que haya ningún bulto ni arruga aparente en el derecho. Después de realizar la costura final, acaba bien la prenda sobrehilando o con un bies.

ADORNOS

Abalorios

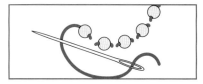 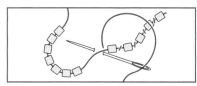 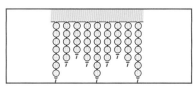

Escoge el tamaño y la forma correcta de los abalorios para tu diseño y trabájalos con una aguja fina. Fija bien el hilo, pasa la aguja por dentro de un abalorio, inserta la aguja en la prenda y avanza una puntada en el revés para volver a insertar la aguja, ya en el derecho, en otro abalorio.

Enhebra dos agujas y fija ambos hilos en el revés de la prenda. Primero introduce una aguja por los abalorios que desees y con la segunda aguja realiza las puntadas sobre el primer hilo después del primer abalorio. Junta el segundo abalorio hacia el primero y repite la operación.

Para hacer un fleco con abalorios, fija el abalorio al hilo y haz un nudo firme. Añade tantos abalorios o cuentas como desees, fijando el hilo con dos pequeños puntos al borde de la tela antes de acabar. Empieza una nueva tira de la misma manera y fíjala al lado de la primera.

Lentejuelas

  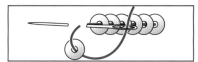

Fija el hilo por el revés de la tela y pasa la aguja por el primer agujero de la primera lentejuela. Haz un pespunte hacia la derecha de la lentejuela, lleva la aguja hacia el borde izquierdo de la lentejuela y haz un pespunte pasándolo por el agujero. Avanza una puntada y repite el proceso con la siguiente lentejuela.

Fija el hilo por el revés y pasa la aguja por el agujero de la primera lentejuela. Inserta un pequeño abalorio antes de volver a pasar la aguja por el mismo agujero. Estira del hilo para que el abalorio toque la lentejuela. Avanza un punto por el revés y pasa la aguja por el agujero de la siguiente lentejuela.

Para coser las lentejuelas sobrepuestas, fija el hilo en el revés y pasa la aguja por el agujero de la primera. Cose hacia el borde izquierdo y de nuevo a una distancia de media lentejuela. Pasa una segunda lentejuela y haz un pespunte hasta el borde la primera. Avanza un punto por el revés y vuelve a llevar la aguja a una distancia de media lentejuela. Cada nueva lentejuela cubre el agujero de la anterior.

Lazo plano

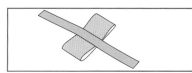  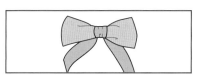

1 Necesitamos dos cintas, una ancha y otra estrecha. Dobla sin apretar la cinta ancha, de manera que forme un rectángulo, con los extremos sobrepuestos hacia la mitad. Ata las tres capas de cinta ancha con la estrecha, de modo que ésta esté sobre la cinta ancha formando un ángulo recto.

2 Da la vuelta a las cintas y átalas, de modo que la estrecha forme un nudo y la ancha forme una especie de pajarita.

3 Gira las cintas. Estira ambos extremos de la cinta estrecha, de modo que cuelguen de la cinta ancha. Corta los sobrantes.

PROYECTO: DELANTAL

Este delantal tiene un gran bolsillo doble muy útil para cocineros, jardineros y artesanos. Se puede realizar a partir de cualquier tejido bastante resistente y prieto, previamente encogido, como cañamazo, tejano, percal o guinga.

Haz un patrón de papel utilizando una cuadrícula grande de papel con cuadraditos de unos 5 cm (2"). Traza las piezas a escala, cuadradito a cuadradito, partiendo de la cuadrícula que mostramos a continuación. Se ha incluido un margen de costura de 1,5 cm (5/8") alrededor. Corta los patrones en el papel y únelo con alfileres a la tela. Recuerda situar la mitad de la pieza principal en la línea de pliegue. Corta la tela y extrae el papel.

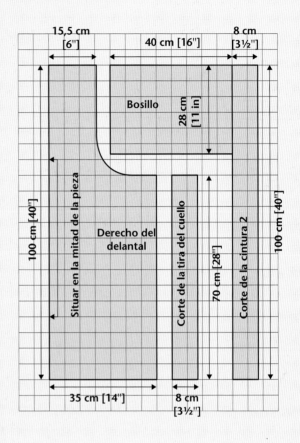

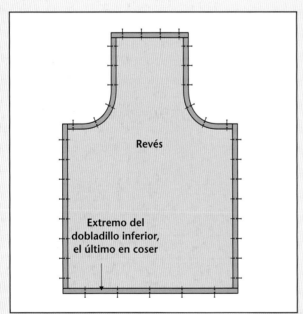

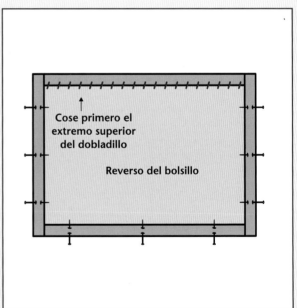

1 Extiende la tela y marca con alfileres un dobladillo de aproximadamente 1,5 cm (5/8") alrededor de la pieza principal del delantal. Fija también las curvas. Hilvana y después cóselo a máquina o haz una vainica a mano, acabando de coser la pieza en el extremo inferior.

2 Haz el dobladillo en la parte superior del bolsillo. Con un único pliegue, hilvana el margen de la costura en los tres lados restantes. Presiona bien. Si te gusta podrías añadir un *appliqué* o un diseño con bordado en el bolsillo en esta fase.

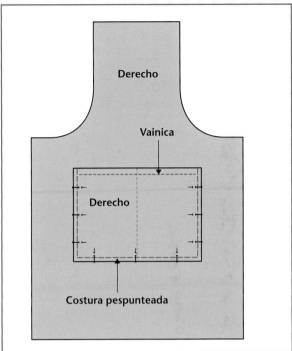

Derecho

Vainica

Derecho

Costura pespunteada

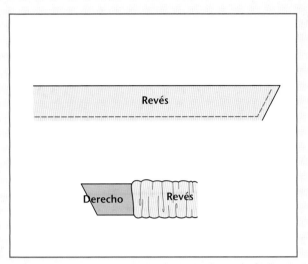

Revés

Derecho   Revés

4 Dobla la tira del cuello y las de la cintura por la mitad de lo largo, poniendo el derecho espalda con espalda. Cose un extremo y el lateral en las tres cintas, tal y como se muestra en el dibujo. Sujeta las esquinas, dale la vuelta a las cintas y plánchalas.

3 Sujeta con alfileres el bolsillo en el derecho del delantal, más o menos a la altura de la cadera. Hilvana y haz unas costuras pespunteadas sobre el bolsillo. Primero haz una costura pespunteada en la línea central del bolsillo para evitar cualquier arruga y después haz el resto de los bordes.

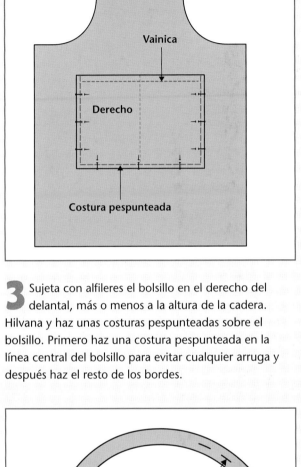

Ojales

Derecho

Cose un cuadrado para que quede más firme

5 Si se quiere realizar una cinta de cuello ajustable, hay que confeccionar tres ojales. Cose hacia dentro el extremo sin rematar de la cinta y sobrehílalo. Une un extremo a la parte superior del delantal y refuérzalo con más puntadas, tal y como se muestra en el dibujo. Cose un botón en el otro extremo del delantal. Otra alternativa es hacer un ojal en la parte superior del delantal y coser tres botones en la cinta del cuello.

6 Termina las cintas para la cintura del mismo modo que hemos hecho con la cinta del cuello, pero sin ojales.

ACABADOS

Bordes

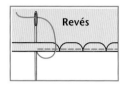

Puntada de concha

Dobla o enrolla el borde e hilvana un estrecho dobladillo. Hazlo más estético, de manera que haya arcos que ocupen tres puntadas de longitud. Estira para formar las conchas. Si es necesario haz dos puntadas verticales, en función del grosor de la tela.

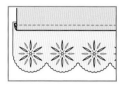

Puntilla

Hilvana un minidobla-dillo y después con alfileres sostén una puntilla de manera que quede por debajo del pliegue. Hilvánalo y cose todas las capas juntas con un punto sencillo o un pespunte. También se puede coser a máquina.

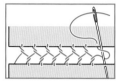

Entredoses

Pon la puntilla en paralelo a la tela e hilvánalas en el papel protector. Lleva la aguja a través del borde inferior e insértala en el borde superior, de atrás hacia delante, un poco hacia la derecha. Gira la aguja por debajo y por encima del hilo a lo largo del hueco y después insértala en el borde inferior de detrás hacia delante, y de nuevo hacia la derecha. Repite hasta el final y, por último, retira el papel.

Rouleau

1 El *rouleau* se forma con cintas de bies (página 24). Se utiliza para hacer unos tirantes finos, diseños que se cosen en tela o en las solapas de las prendas, y también en sombreros o en tocados de novias.

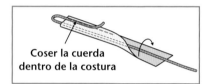

Coser la cuerda dentro de la costura

2 Doblar el derecho, poner las cintas de bies y coserlas según el ancho requerido. Estirar un poco de la tela según se avanza, para que el hilo no sufra más tarde la tensión. Incluye un cordel fino, más largo que el tubo, en la parte superior de la costura y estira del extremo libre hacia abajo, por dentro. Acaba de coser la costura.

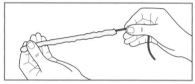

3 Corta el margen de la costura en unos 3-6 mm (1/8-1/4"). Estira con lentitud al principio hasta que notes que la tela va saliendo.

Appliqué

1 Los *appliqués*, o aplicaciones, son tela recortada que se cose por el reborde de las formas recortadas a las prendas a modo de decoración.

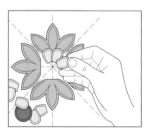

Se utiliza en costura y también en decoración de interiores, sobre todo en colchas. Corta primero las piezas dejando un pequeño margen de costura, recorta cualquier curva (página 19) y fíjalas con alfileres o hilvánalas a la base de la prenda. Si es necesario guíate por un patrón.

2 Con una aguja gruesa cose las formas, girando los bordes hacia dentro a medida que se va cosiendo. Se puede utilizar el punto de jareta o el festón. Si se realiza a máquina, hay una gran variedad de puntos entre los que elegir.

3 Quita los alfileres y el hilván cuando hayas acabado. Plancha con cuidado el appliqué, bocabajo, sobre una superficie acolchada, como una toalla, para que los márgenes de la costura no se vean en la parte frontal.

TERCERA PARTE

MÉTODOS Y TÉCNICAS PARA COSER A MÁQUINA

ENHEBRAR LA MÁQUINA DE COSER

Las máquinas de coser más modernas ya incorporan discos de tensión, guías para el hilo y palancas tira-hilo, de modo que eliminan varios pasos que se requieren para enhebrar la aguja en los modelos más antiguos. Incluimos ambas instrucciones porque hay máquinas antiguas que todavía están en pleno uso (*véase* también las páginas 10-11). A ser posible, lo mejor es consultar el manual del fabricante, aunque hay instrucciones generales para preparar el hilo en una máquina de coser.

1 Levanta el prensatelas para liberar los discos de tensión y permitir que el hilo corra bien.

2 Levanta la aguja lo máximo posible girando la rueda de mano.

3 Pon un rollo de hilo en el portahilos y estira del extremo suelto hasta insertarlo en la primera guía de hilo.

4 En las máquinas más nuevas, lleva el hilo alrededor del canal de tensión automático y bájalo hasta la guía del hilo justo por encima de la aguja. En los modelos más antiguos, pasa el hilo por el disco de longitud de puntada y pásalo por el alambre de pretensado.

5 Los modelos más antiguos también funcionan con una prominente palanca tira-hilo. Pasa el hilo por el ojal de esta palanca y después bájalo hasta la guía del hilo, justo por encima de la aguja.

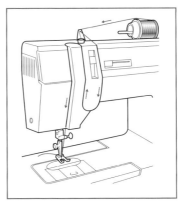
Nuevo estilo

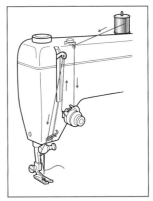
Estilo antiguo

6 Ahora enhebra la aguja. Hay que tener en cuenta que hay modelos que se enhebran de delante hacia atrás y otros de izquierda a derecha. Busca la ranura por encima del ojal por donde pasa el hilo durante las puntadas. Por último, estira del hilo unos 15 cm (6").

Enhebrar de forma incorrecta suele ser uno de los problemas más comunes para los principiantes. Si no tienes libro de instrucciones, busca el nombre del fabricante y el modelo en Internet, donde se pueden encontrar casi todos los manuales.

LA BOBINA

La bobina sostiene el hilo inferior en la máquina de coser. Estará al lado de la placa de aguja, en un compartimento con una tapa deslizante. La tensión del hilo inferior queda controlada por un pequeño tornillo que regula el muelle del portacanillas. Algunas bobinas operan en el sentido de las agujas del reloj y otras al contrario. Una vez más, es importante *consultar el manual de instrucciones del fabricante.*

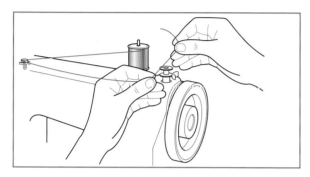

La bobina se llena automáticamente a partir del devanador de la máquina, que garantiza que se enrolla de forma uniforme bajo tensión. Algunas bobinas pueden llenarse *in situ* bajo la placa.

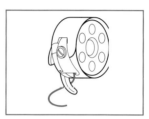

Este modelo se sitúa en vertical la lanzadera y se abre mediante un retén. Cuando se sustituye, el hilo debería encajarse bajo el resorte, dejando una cola de unos 10 cm (4").

Este otro modelo se sitúa en horizontal, debajo de la tapa. Suele haber una ranura angulada para poder estirar el hilo de la bobina a través.

LA IMPORTANCIA DE LA TENSIÓN

La puntada de la máquina se forma gracias a los hilos superiores e inferiores que se van entrelazando.

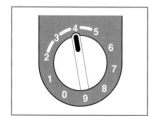

1 La tensión del hilo superior queda fijada gracias al dial de tensión, que tiene una graduación de 0 a 9. Detrás, el hilo pasa por dos o tres discos que se van ajustando de acuerdo al dial.

2 Entre el número 4 y 5 del dial se considera una tensión «normal». Los hilos se juntan en el centro del tejido y la puntada tiene el mismo aspecto a cada lado.

3 Por debajo de 4, los discos de tensión se aflojan y el hilo superior corre con más libertad. De esta forma, puede pasar a través de ambas capas de tela. Este tipo de puntada es deseable si se quieren crear fruncidos tirando del hilo inferior.

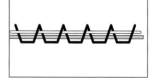

4 Por encima del número 5, los discos se aprietan más y ocurre el efecto contrario.

DETECCIÓN Y SOLUCIÓN DE PROBLEMAS

PROBLEMA	CAUSA	SOLUCIÓN
La máquina no cose	El botón de encendido está apagado El devanador está engranado	Encender el botón de encendido Desengranar el devanador
La tela no se mueve	El prensatelas no está bajado	Bajar el prensatelas
La máquina se salta puntadas	La máquina no está bien enhebrada La punta de la aguja se ha redondeado demasiado o la aguja está floja	Vuelve a enhebrar la aguja Cambia de aguja y apriétala bien
La aguja se desenhebra	Se ha enhebrado mal	Enhebrar la aguja de forma correcta
La aguja se rompe	La aguja se ha doblado	Cambiar la aguja. Levantar la aguja mientras se hace el cambio
Las puntadas son irregulares	El tamaño de la aguja no es el correcto para el tipo de hilo y la tela La máquina no está bien enhebrada La tensión del hilo superior es demasiado floja La tela se está estirando o empuja contra la máquina	Utilizar una aguja apropiada Volver a enhebrar bien Ajustar la tensión Guiar la tela poco a poco, sin estirar ni empujar
Costuras arrugadas	La tensión está demasiado apretada o la aguja está mal puesta	Bajar la tensión superior o poner la aguja correctamente
El hilo se rompe	La tensión está demasiado apretada o la aguja está mal puesta	Bajar la tensión superior o poner la aguja correctamente
Enganchón en la tela	La aguja tiene la punta demasiado redondeada o la aguja se ha doblado	Cambiar la aguja
El hilo se amontona	Los hilos superiores de la bobina no pasan bien por debajo	Lleva ambos hilos por debajo del prensatelas antes de empezar una costura de unos 10 cm (6″) y aguanta un poco hasta que se formen unas cuantas puntadas
El hilo de la bobina se rompe	El portacanillas no está bien puesto	Comprueba que la bobina está rotando en la dirección correcta
Se acumula pelusa en el portacanillas o en el gancho		Quitar la pelusa
Se enreda el hilo de la bobina	La bobina devana demasiado suelta o se ha insertado de forma incorrecta	No devanar a mano. Comprobar que la bobina se desenrolla en la dirección adecuada

LONGITUD Y ANCHURA DE LA PUNTADA

La longitud de la puntada se mide en milímetros de 1 a 6 y se controla mediante un dial o palanca que activa las garras de alimentación, que, a su vez, mueven la tela a la distancia requerida bajo el prensatelas.

Utiliza las puntadas más largas [4-6 mm (1/8-1/4")] con tejidos que pesen más, para hacer pespuntes, fruncidos e hilvanar. Las puntadas de longitud media [2,5-4 mm (3/32-1/8")] son adecuadas para tejidos de peso medio. Para las telas ligeras, utilizar una puntada de 2 mm (1/16"). Una hilera de puntadas de 1 mm (1/32") es difícil de descoser, así que vale la pena preparar bien el trabajo antes.

La anchura de la puntada no es aplicable a la puntada recta. El control de ancho marca el movimiento de la aguja cuando se trabaja en zigzag o con otras puntadas decorativas. Una vez más, la medición se realiza en milímetros y normalmente va hasta los 6 mm (1/4").

TELAS ESPECIALES

Hay una serie de tejidos que implican requisitos especiales a la hora de coserlos, sobre todo en lo que respecta a las agujas.

La tela vaporosa, como la gasa, la organza, la batista o el raso, funcionan mejor con costuras francesas, que resaltan su apariencia delicada. Es necesario eliminar los orillos primero para evitar que se deshilachen. El principal problema reside en que esas telas tan vaporosas son muy finas y resbaladizas, por lo que cuesta trabajar con ellas. Por ello, es preferible practicar un poco; toma un resto y haz una costura de muestra utilizando una aguja correcta (nueva) e hilo. El tamaño recomendado de la aguja es de 60-75 (8-11) con un hilo fino de algodón o poliéster y una longitud de puntada de 1,5-2 mm (más o menos 1/16"). Una placa de aguja de un único agujero puede ayudar a estabilizar la superficie de la tela mientras la aguja realiza las puntadas. También se puede intentar coser poniendo un pañuelo de papel debajo de la tela.

El tejano tiene un aspecto tosco en una prenda acabada, pero se deshilacha con facilidad y, al igual que las telas vaporosas, requiere costuras francesas. Se debe emplear una aguja de 75-90 (11-14).

El terciopelo, debido a su pelusa, puede ser tan difícil como las telas vaporosas y, si se descosen las puntadas, después quedan las marcas. Hilvanar debería consistir en una serie de puntos cortos con un punto atrás ocasional. En la máquina, el terciopelo requiere una longitud de puntada de 2-2,5 mm (unos 1/16"), con una tensión de hilo bastante floja y utilizando una aguja de 75-90 (11-14). Una vez más, conviene practicar con algún retal. Si las capas de terciopelo se mueven, hilvánalas y fíjalas con alfileres en el margen de la costura antes de empezar. A medida que se van realizando las puntadas, sostén la capa inferior firmemente sin arrastrarla con la aguja. Quita los alfileres al avanzar.

Los tejidos de punto tienen que tratarse con mucho mimo a la hora de coserlos a máquina, ya que es fácil estirarlos y darles mala forma. Trabaja a una velocidad lenta y recuerda que las costuras necesitan ceder un poco con la flexibilidad natural del tejido de punto. Cambia la aguja a una con punta redonda de 75-90 (11-14) que no rompa las fibras a medida que cosa. Utiliza la puntada flexible de tu máquina, si es que tiene, o la de tricotar. Si no tiene esas opciones, puedes probar con una puntada en zigzag con una anchura estrecha de puntada. Los tejidos de punto no se desmoronan, así que no es necesario sobrehilar la costura. Sin embargo, en ocasiones preferimos que determinadas costuras (por ejemplo, las de los hombros y las cinturas) se acaben rematando con cinta (página 24).

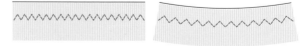

Costura flexible   Costura que se estira al llevar la prenda

COSTURA INVISIBLE A MÁQUINA

La secuencia para coser a mano o a máquina una costura francesa es la misma (página 19).

Costura sobrecosida y plana

Se trata de otro tipo de costura invisible que se utiliza en ropa informal de mucho uso, en faldas, pantalones, tejanos y bolsos. Es totalmente reversible con dos hileras visibles de puntadas en ambos lados.

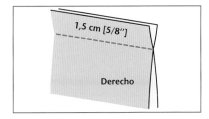

1 Fija con alfileres el revés de las dos telas, de modo que queden encarados entre sí, y cóselo con un margen de costura de 1,5 cm (5/8").

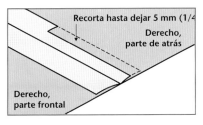

2 Abre la costura y recorta un lado del margen hasta que queden 5 mm (1/4").

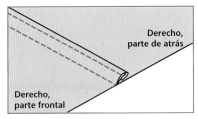

3 Dobla el margen de la costura sin cortar por la mitad, presiona y dobla por encima para que tape el borde que hemos cortado antes. Fíjalo con alfileres, hilvana y cóselo por el pliegue.

ACABADOS DE COSTURA A MÁQUINA

La secuencia para coser a máquina un bies es la misma que cuando se realiza a mano (página 24), excepto que el último paso, cuando se realiza el punto oculto (paso 3), puede sustituirse por unas puntadas a máquina. Aquí también planteamos otras soluciones para acabar bien una costura.

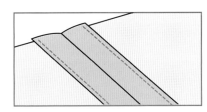

Coser el borde. Cóselo a 3-6 mm (1/8-1/4") del borde sin rematar a cada lado. Dóblalo después de la línea de costura y cóselo cerca del borde del doblez.

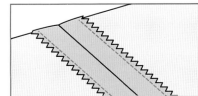

Coser y cortar con tijeras dentadas. Un acabado para tejidos con una urdimbre densa que evita que se curven. Cose la costura a 6 mm (1/4") del borde de cada margen de costura. Con unas tijeras dentadas corta el margen cerca de las puntadas.

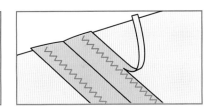

Con puntadas zigzag y tijeras. Haz puntadas zigzag a lo largo del borde de cada margen, eligiendo la mayor anchura que permita tu máquina, pero con cuidado de no coser el borde. Después, con unas tijeras corta la tela bien cerca de las puntadas.

HACER PINZAS

Las pinzas dan forma a un tejido plano y le permiten adecuarse a contornos con curvas. Por ejemplo, en el cuerpo de un vestido o en el respaldo de un sillón. Se marcan con puntos en un papel de patrón y después se transfieren a la tela en la fase de corte con un marcador de tela o con tiza de sastre.

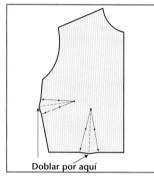

Doblar por aquí

1 Haz que los puntos del patrón encajen doblándolos por el centro. Verás que la línea de puntos acabará formando un triángulo.

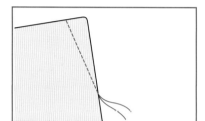

2 Fija la prenda con alfileres, hilvánala y con la máquina cose la pinza dejando el lado más estrecho de manera que la máquina cosa incluso pasado el límite de la tela. Levanta el prensatelas y corta los hilos, dejándolos lo bastante largos como para acabar bien la pinza a mano.

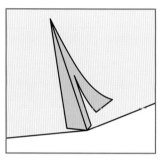

3 Las pinzas en tejidos de poco peso no necesitan ningún corte adicional. Basta con prensar el borde doblado de la pinza hacia un lado sin arrugar el tejido. Las pinzas en tejido más grueso deben cortarse por el doblez y rematarse bien antes de presionar.

RIBETES CON FORMA

Los ribetes se utilizan para adornar los bordes de la línea del cuello y la sisa. Se cortan con la misma forma y, aún más importante, siguiendo el mismo sentido de la tela o bies que la prenda principal. Se les puede dar más cuerpo, si se quiere, poniendo una entretela, cosida o planchada al propio ribete. Es más fácil realizar la puntada o cortar los bordes exteriores de los ribetes con tijeras dentadas antes de unirlos a la prenda.

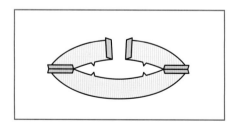

1 El ribete de la línea de un cuello muestra las uniones de las secciones delantera y trasera y los extremos girados hacia fuera donde se encontrarán con el cierre de la prenda principal.

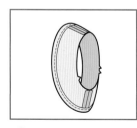

2 El ribete para una sisa está ya preparado con el borde cosido.

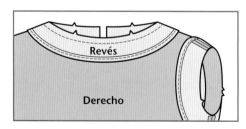

Revés

Derecho

3 Los ribetes ya están unidos a la prenda principal, listos para que las costuras curvadas se unan (página 19) y se le dé la vuelta al derecho.

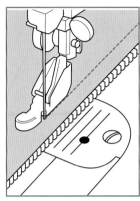

INSERTAR UNA CREMALLERA

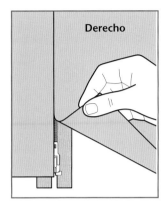

Derecho

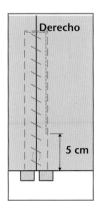

Derecho

5 cm

2 Hilvana la cremallera con los bordes de la cinta de la cremallera hacia abajo. Hilvana también la línea de puntadas, dejando unos 2,5 cm (1") de distancia con el final de los dientes del tope inferior de la cremallera. Empieza a coser a máquina a unos 5 cm (2") por debajo del extremo superior de la cremallera para seguir una línea recta.

3 Sobrehíla alrededor de la cremallera utilizando el pie de cremallera para acercarte más al borde de la abertura. Detente a unos 5 cm (2") del extremo superior de la cremallera en el otro lado y, quitando el hilván, desliza el carro hacia abajo para completar las puntadas en ambos lados de la parte superior.

1 Pon la cremallera en la costura en posición cerrada. Los bordes de la tela deberían unirse en el centro y tapar los dientes de la cremallera.

SOBREHILAR

En ocasiones se elige este tipo de puntada meramente por razones estéticas y se suele hacer en un color que contrasta alrededor de las solapas y los bolsillos de la prenda. Utiliza una puntada más larga que la que utilizarías para coser una costura normal y corriente.

COSER A MÁQUINA UN OJAL

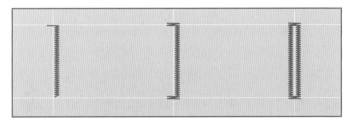

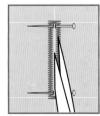

2 Agujerea el centro del ojal con unas tijeras de bordar o un cortacosturas, y con cuidado ábrela de extremo a extremo sin romper las líneas.

1 Marca la posición donde quieres hacer el ojal con un marcador para tela o una tiza de sastre. Utiliza un pie de máquina de zigzag, fija el selector de puntada y haz un par hasta formar la línea horizontal antes de bajar a hacer el lateral. Haz la segunda línea horizontal abajo y gira la tela 180 grados hasta completar el otro lado.

FRUNCIR CON HILO ELÁSTICO

El fruncido es muy parecido al nido de abeja que veíamos en la página 26, pero sin el bordado. Es ideal para la ropa de dormir y de playa. Hay hilo elástico especialmente fabricado para usarse en máquinas de coser y es más fácil de aplicar que coser una cinta elástica plana. Como ocurre con el resto de técnicas que se prueban por primera vez, es recomendable practicar primero con un retal antes de lanzarse a coser la prenda seleccionada.

1 A mano, rellena la bobina con elástico para fruncir y carga la máquina como es habitual. Ajusta la tensión del hilo al número 4, y cambia de punto recto al punto de zigzag más largo y más ancho que haya en la máquina.

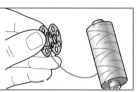

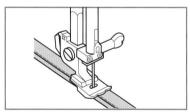

2 Deberás completar tres o cuatro hileras antes de conseguir el efecto fruncido. Aquí lo mostramos por el revés.

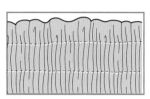

3 En este dibujo se puede ver por el derecho. El fruncido funciona igual de bien en telas lisas o con estampado.

HACER UN CORDÓN RIBETEADO

Ribetear un cordón hace que el acabado externo de la costura sea elegante tanto en ropa como en menaje. El cordón debería estar ya preencogido, pero de todas formas es preferible preguntarlo cuando se adquiera. Se venden en diferentes grosores, así que hay que emplear el más idóneo para nuestra prenda. El ribeteado será flexible y tendrá que doblarse en las esquinas para que quede escondido dentro de unas cintas de bies cortadas (página 24).

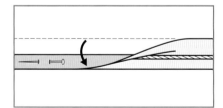

1 Fija con alfileres el cordón a la tela e hilvana, dejando un margen para la costura.

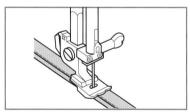

2 Utiliza un pie para ribetear para obtener mejores resultados, aunque uno de cremallera también le irá bien. Haz las puntadas lo más cerca posible del cordón. Se puede producir una tira larga de cordón ribeteado que más tarde se cortará como se precise.

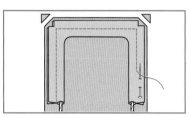

3 Otra alternativa es fijar con alfileres el cordón ribeteado ya en la prenda e hilvanarlo, dándole forma antes de coserlo a máquina. Si las esquinas tienen demasiado grosor de tela, aplánalas y recorta el exceso de tela para que las esquinas queden bien.

PROYECTO: UN PERRO SALCHICHA

Un fiel canino con orejas largas y suaves que te protegerá contra los ladrones. Se encaja en cualquier puerta con facilidad ajustando la longitud entre la cabeza y la cola.

Puede utilizarse cualquier tipo de tela, incluidos los tejidos de punto. Realiza el patrón en papel usando una hoja grande de papel cuadriculado, con cuadrículas de 9 cm (3 1/2"). Realiza las piezas a escala, cuadrado a cuadrado, partiendo del modelo que mostramos a continuación. Corta los patrones de papel y fíjalos con alfileres a la tela, teniendo en cuenta las piezas que tienen que ir dobladas. *Al cortar la tela hay que añadir 12 mm (1/2") de margen de costura alrededor.*

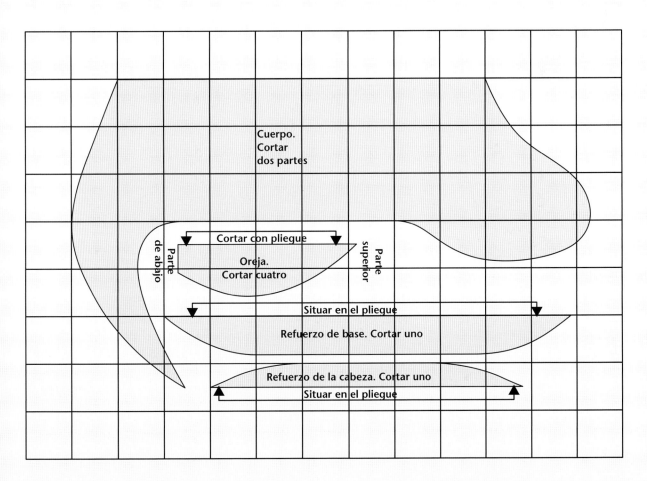

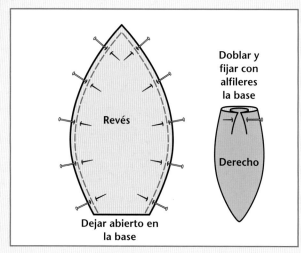

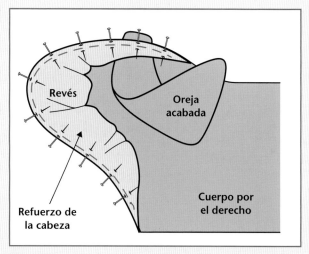

1 Para hacer un par de orejas, fija con alfileres cada par, de manera que el derecho de ambos pares estén encarados entre sí y cose alrededor, dejando únicamente la base sin coser. Dale la vuelta de modo que el derecho quede ahora por fuera. Dobla, fija con alfileres e hilvana formando un pequeño pliegue en cada lado.

2 En el derecho de la mitad del cuerpo principal, fija con alfileres e hilvana firmemente el refuerzo de la cabeza, tal y como se muestra en el dibujo, cosiendo una de las orejas ya acabadas entre dos capas de tela. Repite con la otra mitad del cuerpo y la segunda oreja.

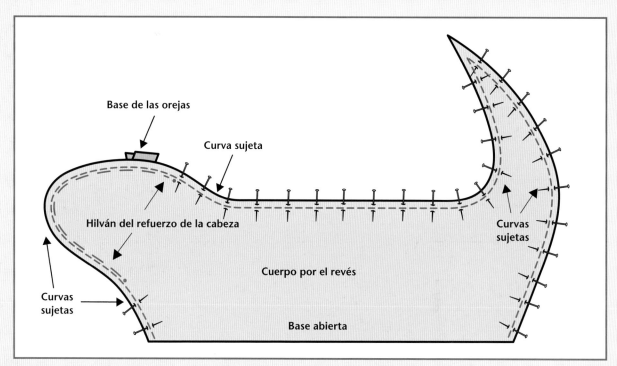

3 Con el derecho de ambas telas encaradas entre sí y las orejas apartadas de la zona, cose a máquina cada mitad de la cabeza del perro en su lado del refuerzo de la cabeza.

4 Cose a máquina la otra mitad del cuerpo desde el morro hasta la base y desde el cuello hasta la punta de la cola, bajando por el lateral. Deja la base abierta. Sujeta las curvas para preparar para girar el perro. Quita el hilván.

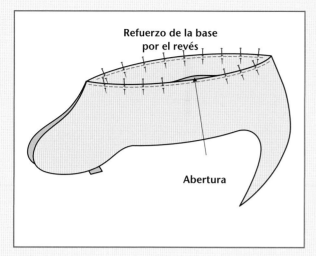

Refuerzo de la base
por el revés

Abertura

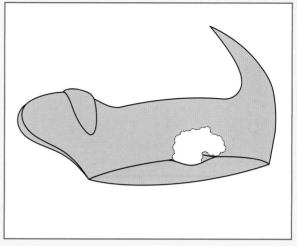

5 Todavía con el revés hacia fuera, pon el refuerzo de la base tal y como se muestra en el dibujo. Cóselo a máquina alrededor de ambos lados del cuerpo, dejando una abertura de unos 10-12 cm (4-5") para rellenarlo después.

6 Gira el perro de manera que el derecho de la tela quede ahora hacia fuera y utiliza una aguja de punto para empujar el rabo hasta el final. Rellena la cabeza y el cuerpo con relleno de poliéster para juguetes, de modo que quede firme. Quizá necesites bastante relleno, en función de la longitud del cuerpo.

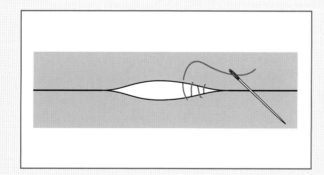

7 Cierra los extremos sin rematar de la abertura y sobrehíla.

8 Utiliza botones, *appliqués* de fieltro o bordados para hacerle los ojos, la nariz y la boca, dándole una personalidad única. Pon un collar o un lazo alrededor del cuello para darle el toque final.

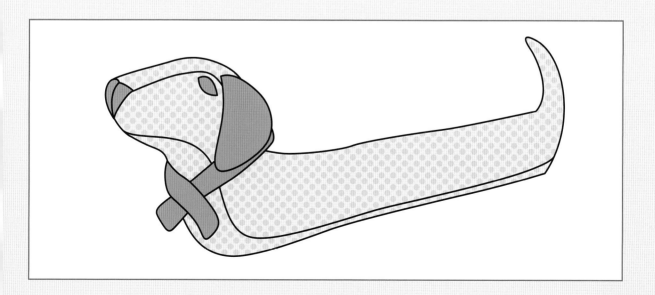

LAVADO Y CUIDADO POSTERIOR

LAVADO

Hay que observar los símbolos de lavado y secado de la etiqueta de la tela que se compra. La etiqueta aparece en el rollo de tela y se le puede pedir al dependiente que nos dé una para llevárnosla a casa. Será útil tener un historial del cuidado de las telas que se compran. Otros puntos de referencia son los manuales de nuestras propias lavadoras o secadoras, que contienen información detallada de los programas de lavado y secado, e indican cómo se relacionan con los símbolos de cuidado estándar.

Hay que eliminar las manchas lo antes posible. No frotar el área afectada con demasiada fuerza porque la fricción puede dañar las fibras y dejar una señal antiestética. Las marcas con base oleosa deberían tratarse desde el revés de la tela con un quitamanchas. Recuerda seguir siempre las instrucciones del fabricante.

Tanto si vamos a lavar la prenda a mano o a máquina, no conviene utilizar polvos de lavar en telas con un alto contenido en lana o seda. Es mejor utilizar escamas de jabón o un detergente líquido para prendas delicadas. Los agentes limpiadores de los jabones líquidos están diseñados para actuar en bajas temperaturas y no dejan depósitos de polvos. Conviene hacer una prueba con los colores fuertes (sobre todo el rojo) para ver si destiñen y, en caso de duda, lavarlos por separado. Los tejidos de lana o con mezcla de lana siempre deberían aclararse en agua no muy caliente. Lo mejor es emplear el icono de lavado para lana de la lavadora, en vez de poner un programa de baja temperatura, o bien usar un programa de lavado a mano que realiza el aclarado con agua fría.

Las secadoras son muchas veces las causantes de que la ropa se encoja accidentalmente y hay algunos tejidos que es mejor que se sequen sin que se les aplique calor. Los tejidos de lana deberían extraerse de la lavadora y enrollarse en una toalla limpia para eliminar el exceso de agua. Hay que poner cualquier tejido de punto, incluyendo los jerséis, a secar sobre una superficie plana en un tendedero. Nunca hay que colgarlos con perchas porque se deforman hacia abajo con el peso del agua.

Hay que planchar las prendas según la recomendación de la etiqueta. Hay que tener un cuidado especial si hay algún elemento ornamental añadido, como lazos de nailon, hilos metálicos o lentejuelas de plástico, que se encogerían o dañarían de inmediato al tocar la plancha caliente.

Cuando se utiliza la palabra «prensar», aunque en ocasiones se quiere decir «planchar», estrictamente nos referimos a aplicar vapor a la prenda para plancharla. Es importante levantar la plancha hacia arriba y hacia abajo y evitar arrastrarla por el tejido cuando se utiliza el vapor. Se puede utilizar la plancha para mangas (página 5) para las superficies o contornos más difíciles.

CUIDADO POSTERIOR

Después de lo que nos ha costado coser las prendas, vale la pena invertir en perchas de buena calidad para colgarlas. Puedes coser unas tiras de raso dentro de las costuras de los hombros y la cintura de las prendas para garantizar que la ropa tenga la fijación adecuada y no caiga formando pliegues inadecuados, con una línea distorsionada de los hombros. Los vestidos de noche y otras prendas delicadas deberían colgarse dentro de unas fundas protectoras para alejarlas del suelo y del ajetreo del armario.

Al almacenar prendas de vestir y ropa de menaje, la regla de oro es siempre guardarlas limpias, completamente secas y sin almidón (a los pececillos de plata les encanta comer almidón). El polvo, la suciedad y la transpiración pueden dañar y decolorar las fibras de todo tipo de tejidos, tanto sintéticos como naturales, y las polillas y el moho se alimentan de la suciedad.

Las reliquias familiares que guardamos como oro en paño, por ejemplo, los trajes de bautizo o los vestidos de boda, deberían lavarse en seco en tintorerías y después intercalarse con tejido de pañuelos de papel sin ácidos para posteriormente ser guardados en fundas de algodón con cremallera. Las cortinas, los edredones y los plumones deben doblarse y protegerse bien en las cómodas o los armarios, aunque también se guardan dentro de fundas con cremallera o cajas de plástico con tapa para que resistan mejor el paso del tiempo. Se pueden sacudir de vez en cuando y volverse a doblar de otro modo, para evitar arrugas persistentes.

Para no correr el riesgo de moho o humedad hay que evitar guardar las prendas en lugares poco ventilados o húmedos, como buhardillas, bodegas, trasteros o armarios que no se abran con frecuencia. La calefacción a una temperatura baja o los deshumidificadores pueden ayudar a reducir los problemas que provocan la humedad y la condensación.

Hay que estar alerta para combatir las polillas. Tienen un ciclo de vida de unas seis semanas y sus larvas son las que provocan los agujeros en las prendas. En la actualidad hay alternativas a las bolas antipolillas de alcanfor, que tienen un olor un tanto desagradable, como bloques de madera de cedro o bolsitas de lavanda, aunque hay que renovarlas a menudo. Las polillas no solo ponen los huevos en fibras de lana, sino que también pueden dañar la seda, la piel o las plumas. Por eso, siempre se recomienda comprobar los lugares de almacenamiento de prendas de vez en cuando para evitar que las polillas se instalen.

TÉRMINOS

Appliqué: Técnica de coser una tela sobre otra.

Bies: Trozo de tela, cortado en sesgo respecto al hilo, que se aplica a los bordes de prendas de vestir. El verdadero bies tiene un ángulo de 45 grados con el orillo y ofrece una flexibilidad máxima.

Borde sin rematar: Se trata del borde cortado de un tejido que puede deshilacharse.

Calicó: Tela delgada de algodón, normalmente de color crema natural.

Cierres automáticos: Cierres a presión.

Cinta de bies: Cinta corta en sesgo para encajar bien en las curvas evitando el cúmulo de tejido. Se puede comprar ya hecha o cortarse a partir de una tela a mano para hacer nuestra propia cinta de bies.

Cinta para pretinas: Lazo acordonado similar al *cordellate* utilizado para reforzar las pretinas y también en sombrerería.

Cordón ribeteado: Le da un acabado bonito a la costura, sobre todo en la ropa blanca para la casa. El cordón debería estar previamente encogido y oculto en tiras cortadas al bies.

Costura: Dos piezas de tejido unidas con una línea de puntadas. Algunas variantes son la abierta, la invisible y la francesa.

Dobladillo invisible: Puntadas para hacer un dobladillo que se unen a un borde ya doblado y que quedan prácticamente invisibles desde la superficie.

Dobladillo: Pliegue que se hace a la ropa en los bordes a modo de remate, doblándola un poco hacia adentro dos veces para coserla. Evita que la prenda se deshilache.

Embastar: Puntadas temporales hechas con puntadas de aproximadamente 1,5 cm (1/2″).

Entretela para armar: Pieza de tela cortada con forma que esconde los bordes sin rematar dentro de una manga o abertura del cuello.

Entretela: Tela extra cosida o planchada entre las capas de tejido para darle más cuerpo.

Fliselina: Material sintético que se pega a la tela cuando se funde con el calor de la plancha.

Forro: Tejido ligero (normalmente de tafetán o raso) que se cose dentro de la prenda para ocultar los márgenes de la costura. Los forros también evitan que las prendas ligeras se transparenten.

Fruncidos: Pequeños pliegues que se forman estirando de una línea de puntadas. Se utilizan para crear volantes.

Hilo de la tela: El sentido en el que se disponen la urdimbre y la trama. La urdimbre va a lo largo, paralela al orillo, y sigue el hilo a lo largo. La trama sigue el hilo a lo ancho, formando ángulos rectos con el orillo.

Hilván de sastre: Bucles temporales de hilo para marcar la posición de los pliegues o los bolsillos.

Hilvanar: Unir con puntadas provisionales de unos 1,5 cm (1/2″) de largo lo que se ha de coser después.

Jareta: Dobladillo que se hace en la ropa para introducir una cinta, un cordón, una goma, un lazo...

Margen de la costura: Distancia entre el borde cortado y la línea de la costura.

Margen: Es la diferencia ajustable entre las mediciones del cuerpo y el patrón de papel, sobre todo utilizado para ajustar las mangas en la sisa.

Mercería: Artículos necesarios en la costura, como el hilo, los cierres, la cinta y los adornos.

Muescas: Marcas con forma de rombo que se proyectan más allá del borde del patrón para alinear las piezas en la fase de costura.

Muselina: Tejido de algodón poco tupida y transparente.

Orillo: Orilla del paño o tejido en piezas, hecho, por lo regular, en un hilo más basto.

Pelusilla: Textura o diseño que va en una única dirección y que influye a la hora de cortar los patrones. La ropa con pelusilla incluye el terciopelo, la pana y el raso.

Pinza: Una estructura cosida en la tela para dar forma a una prenda.

Pliegue o tabla: Se trata de dobleces que controlan la holgura de la prenda. Entre ellas está la tabla de caja, la invertida y la de cuchillo.

Preencogido: El tejido ha sido sometido a un proceso de encogido durante la fabricación.

Prensado: A menudo se utiliza como sinónimo de «planchado», pero estrictamente se refiere a la aplicación de vapor y a la presión del tejido.

Presillado de la costura: Se trata de una línea de puntos rectos que evita que los bordes curvados o en bies, como es el caso de la línea, los hombros y la cintura, pierdan su forma durante la costura.

Punto oculto: Puntadas que unen un borde doblado y que quedan prácticamente invisibles desde la superficie plana.

Ribete: Una tira estrecha de tela o cinta que se usa para cubrir los bordes sin rematar de una prenda. Puede estar oculta por dentro o coserse en la superficie a modo de decoración.

Rollo: Tubo estrecho construido a partir de cinta de bies utilizado para hacer tirantes para los hombros y para la decoración.

Salida del telar: Es el estado en el que está el tejido recién salido del telar, antes de pasar por ningún proceso adicional. En este estado la ropa encoge.

Sisa: Corte curvo hecho en el cuerpo de una prenda de vestir que corresponde a la axila.

Sobrehilar: Una hilera extra de puntadas (normalmente decorativas) que se hacen en un hilo que combine bien o que, al contrario,

contraste, a lo largo o cerca del borde rematado.

Tercer hilo: Es el nombre de la suave y abultada superficie del terciopelo, de la pana y de otros tejidos que pueden peinarse. Normalmente tiene un sentido que puede afectar al color y que influye a la hora de cortar los diseños.

Tiro: En los pantalones, distancia desde la costura de la entrepierna hasta la pretina.

Trama: Forma ángulos rectos con el orillo y no suele ser tan fuerte como la urdimbre.

Urdimbre: Va a lo largo del hilo, paralelo al orillo, normalmente más fuerte que la trama.